Cornelia Muth

Phänomenologische Praxisentwicklungsforschung

Band I

BODY-FEELING UND BODY-BILDUNG

Herausgegeben von Cornelia Muth und Annette Nauerth

ISSN 1867-6243

Bibliografische Information der Deutschen Nationalbibliothek

Die Deutsche Nationalbibliothek verzeichnet diese Publikation in der Deutschen Nationalbibliografie; detaillierte bibliografische Daten sind im Internet über http://dnb.d-nb.de abrufbar.

Bibliographic information published by the Deutsche Nationalbibliothek

Die Deutsche Nationalbibliothek lists this publication in the Deutsche Nationalbibliografie; detailed bibliographic data are available in the Internet at http://dnb.d-nb.de.

Coverbild: © Hofschlaeger / PIXELIO

∞

Gedruckt auf alterungsbeständigem, säurefreien Papier
Printed on acid-free paper

ISSN: 1867-6243

ISBN-13: 978-3-8382-0260-0

© *ibidem*-Verlag
Stuttgart 2012

Alle Rechte vorbehalten

Printed in Germany

Cornelia Muth

PHÄNOMENOLOGISCHE PRAXISENTWICKLUNGSFORSCHUNG

Band I

ibidem-Verlag
Stuttgart

Vorwort

Im ersten Band zur phänomenologischen Praxisentwicklungsforschung werden die Anfänge von 1989 und ihre Weiterentwicklung bis 2011 rekonstruiert. Das Setting dieser Forschung ist ein intersubjektives Feld und zeigt die phänomenologischen Haltungen der beteiligten Praktiker/innen wie Forscher/innen. Dabei stehen der Andere/die Andere als Andersheit, Verantwortung und Vertrauen im Vordergrund. Die vorliegenden Beiträge veranschaulichen die Umsetzung und zeigen auch, welche Rolle der direkte Kontakt *zwischen* den Menschen beim Forschen spielt und wie wichtig dabei die Installation einer Dialoggruppe ist. Im ersten Beitrag stelle ich die pädagogische Phänomenologie als transkulturellen Bildungsprozess vor. Diese Haltung zieht sich durch alle Beiträge hindurch. Wie ich das phänomenologische Vorgehen lehre, macht der zweite Artikel deutlich. Im daran Folgenden wird noch einmal der theoretische Hintergrund einer aktiven Phänomenologie deutlich. Die weiteren Texte weisen auf den Zwischen-Raum hin, der sich durch echte Verantwortung selbst aufdeckt. Die abschließenden Erkenntnisse heben wiederum die Rolle des Leibes hervor und damit dessen Wahrnehmung in unserem Sein zur Welt. An dieser Stelle möchte ich allen Verlagen für den Wiederabdruck und ganz besonders den Mitarbeiter/innen des *ibidem*-Verlages danken. „Alte" Texte zu veröffentlichen ist in digitalen Zeiten eine leibhaftige Nervenaufregung. Mit Dank für diesen Körper-Einsatz wünsche ich allen Leser/innen ein „Leib erkennendes Handeln".

Für die Herausgeberinnen im Frühjahr 2012
Cornelia Muth

Inhaltsverzeichnis

7

Phänomenologische Praxisentwicklungsforschung von "Erwachsenenbildung als transkulturelle Dialogik"

1.) Einleitung

Erwachsenenbildung als transkulturelle Dialogik[1] nennt sich die real geschehene Praxis meiner Bildungsveranstaltungen. Das Ziel dieser Prozesse liegt in der dialogischen Vermittlung einer transkulturellen Handlungskompetenz, die Subjekt-Subjekt-Begegnungen im Sinne der Dialogphilosophie Martin Bubers ermöglichen und die Ich-Es-Grenzen bzw. die Monologe zwischen Menschen deutlich und gleichzeitig flüssig, im Sinne von beweglich machen. Dabei stehen Werte wie Pluralität und Respekt gegenüber eines Einzelnen oder einer Anderen, d. h. der "Andersheit des/der Anderen" im Vordergrund. Das Lernen wie Lehren geschehen dabei multiperspektivisch in Hinblick auf Handlungs- und Deutungskompetenzen. Entstanden ist das Konzept aus der wissenschaftlichen Reflexion über eigene interkulturelle und -nationale Bildungs- und Berufserfahrungen in meiner Dissertation. Wissenschaftstheoretisch begründet sich transkulturelle Dialogik aus der Phänomenologie. Phänomenologische Praxisentwicklungsforschung konstruiert systematische Erkenntnisprozesse aus dieser Dialogpraxis und deren Ergebnisse, die ich im Folgenden beschreibe und kritisch würdige.

2.) Teilnehmende und Zielgruppen

Teilnehmerinnen und Teilnehmer waren bzw. sind einerseits Multiplikatoren internationaler Organisationen, TherapeutInnen, wie auch politische Aktivisten und Studierende aus unterschiedlichen Ländern (hier eine Auswahl: Israel, Palästina und Deutschland: 1998 – 2001; Großbritannien: 1999; Island, Litauen, Österreich und Deutschland: 2000; Studierende aus Afrika und Russland: seit 2001 (bis

---

[1] Wiltrud Gieseke und Steffi Robak schreiben auf Seite 22 ihres Buches von 2009 *Transkulturelle Perspektiven auf Kulturen des Lernens* mit Ming-Lieh Wuh: "Eine frühe Rezeption von Transkulturalität und **bislang die einzige im Bereich der Erwachsenenpädagogik** ist die Dissertationsstudie von Cornelia Muth (1998)" (Hervorh. von CM). Siehe dazu Muth (2011): Erwachsenenbildung als transkulturelle Dialogik, Schwalbach/Ts, WOCHENSCHAU Verlag (2. Auflage).

jetzt/2011); Island: 2004; USA, GB/England: 2007; USA, Nord-Irland, Großbritannien, Kanada, Deutschland: 2010. Habe ich in den ersten Jahren die Workshops als promovierte Freiberuflerin (Diplom-Erwachsenenbildnerin; Gestaltpädagogin und systemische Coachin) für internationale wie deutsche Bildungseinrichtungen, die auch wiederum die Ausschreibung und Werbung für die Teilnehmenden machten, durchgeführt, geschieht die transkulturelle Bildung jetzt in meiner Funktion als Professorin für Erziehungswissenschaft an der Fachhochschule Bielefeld. Hier bin ich gleichfalls für den Bereich Global Social Work und Interkulturelle Soziale Arbeit mitverantwortlich. Jedoch kennzeichnet "transkulturelle Dialogik" als allgemein-didaktisches Prinzip alle meine Seminare. Weiterhin werde ich als Referentin, insbesondere als Buber- und Dialog-Fachfrau im außeruniversitären Bereich zu öffentlichen Vorträgen und Workshops im Rahmen von Weiter- und Fortbildungsveranstaltungen eingeladen.

3.) Praxisbeispiele (I) als didaktisches Konzept in Aktion

Um meine Praxis außerhalb der Hochschule zu veranschaulichen, möchte ich von meinen letzten Workshops und einer anschließenden informellen Begegnung berichten. Die Workshops fanden in den USA, in Philadelphia im Rahmen der AAGT Gestalt Therapy Conference 2010 statt. Zielgruppe waren Therapeuten, Ärzte, Analytiker, Pädagogen, Organisationsberater, die sich mit dem politischen Prinzip des Gestalt-Ansatzes identifizieren. Dabei geht es um soziale Freiheit und der Wiedergewinnung von Lebensfreude im Kontakt mit unseren Mitmenschen. Ich, 49 Jahre, war als Buber-Expertin mit meinem transkulturellen Ansatz eingeladen: Am ersten wie auch am zweiten Workshop nahmen, da er in den USA geschah, überwiegend weiße Mittelschicht-Amerikanerinnen und Amerikaner im Alter zwischen 50 und 70 Jahren teil, die sich einerseits ihres Kolonialismus und Rassismus bewusst sind, aber andererseits mit ihrer US-demokratischen Handlungspraxis so identifiziert sind, dass ihnen die mono-kulturelle bzw. nationale Variante von Demokratie wenig gewahr ist. So kamen zum ersten Workshop außerdem eine Teilnehmerin (ca. 40 Jahre) aus Nord-Irland, eine aus Kanada (ca. 50 Jahre), eine deutsche Amerikanerin (ca. 70 Jahre). Doch auch die US-Amerikaner und Amerikanerinnen unterschieden sich, die eine war offen jüdisch und 70 Jahre alt, der andere (ca. 55 Jahre) zeigte sich in seiner schwulen Orientierung. Doch schon beim Vorstellen wird hier und wurde dort deutlich, wie schwierig mentale Bezeichnungen und kognitive Begrifflichkeiten für und von Menschen sind und wie wenig dabei die Lebenspraxis des einzelnen nationalen Bürgers erfasst und als Individuum in seiner einzigartigen Differenz wirklich wahrgenommen werden kann. Sahen wir uns gegenseitig als Objekte in jeweiligen nationalen Kategorien, also in einem Subjekt-Objekt-Verhältnis, war die Sicht auf uns als Person, im Sinne eines Ich-Du, einer Subjekt-Subjekt-Begegnung erst einmal eingeschränkt, was sich im Laufe meiner angebotenen Dialoggruppe[2] im direkten Austausch und mit zunehmenden Vertrauen während eines Balance-Spiels immer wieder veränderte. So zeigte sich, dass wir einerseits durch unsere Begrifflichkeiten eine erste Distanzierung brauchen und damit eine konstruktive Grenze setzen, aber andererseits mit dieser Grenze nicht wirklich dem Gegenüber gerecht werden. Wenn wir ihn oder sie kennenlernen wollen, müssen wir diese mentale Grenze relativieren und Vertrauen riskieren, ohne sicher zu sein, ob uns jetzt eine intersubjektive Begegnung gelingt; d. h. ob der Mensch, der 20 Jahre älter ist als ich und amerikanische Jüdin und ich als christlich erzogene West-Deutsche und dritte Generation der NS-Täter in einen authentischen Kontakt treten können. Und es passierte: Wir trafen uns auf einer Subjekt-Subjekt-Ebene, erzählten unseren einzigartigen nationalen wie generativen Biographien und hörten einander wirklich zu. Wir folgten unserer persönlichen Neugierde und stellten Fragen, die uns in anderen sozialen Kontexten beschämt hätten. Die Dialoggruppe als unterstützendes Feld half, Fragen zu stellen, die wir in anderen Konstellationen hätten nicht gewagt zu stellen. Doch hier war Respekt vor der "Andersheit des Anderen" möglich geworden. Wir akzeptierten uns in unserem Geworden-Sein, was freilich auch durch die folgenden Regeln meiner Dialoggruppenkonzeption gewährleistet wurde. Sie eröffnen Raum für Pluralität, respektvolle Grenzen und Entgrenzung in Hinblick auf ein gemeinsames Denken:

- Das gemeinsame Denken entwickelt sich, ohne den/die AndereN zu überzeugen oder zu überreden. JedeR kann sagen, was er/sie fühlt, was der Prozess auslöst. Er/sie teilt sich mit, ohne jemanden verändern zu wollen.
- Es wird von dem Paradox ausgegangen, dass es keine absolute Wahrheit gibt und doch, universell gedacht, jede Haltung relativ ist.

---

[2] Muth, C: How to Teach Intersubjectivity, in: Journal of Social Work Practice 2009, Volume 23, Number 2, pp. 201-213 bzw. siehe in diesem Band.

- Den oben genannten Regeln wird grundsätzlich zugestimmt oder sie werden sinnvoll verändert. Es gilt, sie immer wieder zu lesen und einzubringen und zu fragen, wie jede Person diese Regeln selbst verstanden hat. Dadurch werden die Regeln selbst erarbeitet.

Aus diesem Workshop ergab sich ein informelles Gespräch mit einem 84jährigen jüdischen, nordamerikanischen "weißen" Gestalttherapeuten, der sich intensiv mit der Scheinheiligkeit in der nordamerikanischen Gesellschaft auseinandergesetzt hat. Dazu zog er eine Parallele zum Nazi-Deutschland. Denn dort wie hier können und konnten Rassismus und Antisemitismus möglich sein, nicht nur weil Menschen mitmachen und sich mit den Autoritäten und Tätern identifizieren, sondern auch weil Menschen schweigen und ihre eigene Aggression unterdrücken. Diese wiederum wird meist nicht in ihrer konstruktiven Kraft gesehen, sondern nur in der Form von Herrschaft, Unterwerfung und Entwertung des Gegenübers. Selbstherrlich könnte er sagen, dass er niemals zu den Nazis gezählt hätte, aber so einfach wären die Grenzen von Schuld und Verantwortung nicht zu setzen und die damit verbundenen Gefühle zu verstecken. Auch er schämt sich zuweilen ein Amerikaner zu sein bzw. zu einer Nation zu gehören, die sich verantwortlich für ihre unrechten Taten zeigen sollte, aber nicht wirklich die Folgen nennt und Schuld eingesteht. Im Vorwort des Sammelbandes mit dem Titel "The Collective Silence" beschreibt er das folgendermaßen: "... *we are all in some degree perpetrators and like other perpetrators we find it easy to blame the other rather than to own our part*"[3]. Ähnlich verlief der Prozess in der beschriebenen Dialoggruppe. Die schnelle Offenheit und Ehrlichkeit der TeilnehmerInnen war gewiss auch beeinflusst durch deren professionelle Qualifizierung als Gestalttherapeuten, die wie ich als Gestaltpädagogin intensiv gelernt haben, "authentischen Kontakt" herzustellen. In anderen Bildungsprozessen mit MultiplikatorInnen und meinen Studierenden brauchen die Vertrauensprozesse, wenn sie überhaupt gelingen, mehr Zeit und erfordern von meiner Seite eine geduldige Wahrnehmungshaltung zwischen "Sein und Schein" (Buber).

Als weiteres Praxisbeispiel zu pädagogischen Entgrenzungsprozessen nehme ich meine Arbeit mit MultiplikatorInnen aus Deutschland, Israel und Palästina für den

---

[3] Lichtenberg, Philip: Reflections on *The Collective Silence*: German Identity and the Legacy of Shame, in: Heimannsberg, B./Schmidt, C. J. (Eds.): *The Collective Silence*: German Identity and the Legacy of Shame, San Francisco (1993), 2. Auflage , in Erarbeitung.

Arbeitskreis deutscher Bildungsstätten. Die Altersstruktur lag zwischen 22 und 62 Jahren. In den drei Workshops habe ich mit dem so genannten sechs-Geister-Bild über Begegnung und "Vergegnung" von Martin Buber gearbeitet. Das Bild geht davon aus, dass wir schon allein bei einem Gespräch zwischen zwei Menschen sechs Vor-Urteile bzw. Wahrnehmungsweisen überwinden müssten, um dem Gegenüber wahrhaftig zu begegnen. Die Zusammenstellung der Geister besteht einmal aus den jeweiligen eigenen Selbstbildern, die jede Gesprächspartnerin von sich selbst hat, aber auch aus den Fremdbildern, die jede von der anderen hat. Hinzukommt dann noch das fremde Selbstbild, was jede denkt, das Gegenüber von ihr macht. Dass diese Bilder nicht nur zwischen kulturellen Gruppen existieren, aber auch innerhalb einer Gruppe macht folgende Aussage einer Palästinenserin deutlich: "*During this learning and empowerment process, we the Palestinian delegation encountered realities about our Palestinian sisters living in the Green line about whom we knew very little, unfortunately*"[4]. Eine Israeli machte des Weiteren klar, dass sie innerhalb ihrer Nation eine eigene Sicht auf den Nahost-Konflikt hat: "*But I don't belong to Netanjahu, to the soldiers, to the system. It hurts me to hear that I am an occupier. I am with you. I don't see you as terrorists*"[5]. Schließlich möchte ich noch eine deutsche Stimme zitieren: "*I'm not sure what my role is here. I'm not an observer. I'm not a mediator. When we talked, I was Katrin, not the German*"[6]. Jede Seite verlangte Respekt, auch ich, denn ich war ja auch eine Anderheit im dialogpädagogischen Sinne. Das Eingeben meiner Differenz im Rahmen gelebter Pluralität von Andersheiten jenseits von Nation und Alter ermöglichte Ich-Du-Prozesse bei gleichzeitiger Anerkennung von unterschiedlichen Gesellschaftsstrukturen und jeweiligen Biographien als Ich-Es.

Im nächsten Kapitel komme ich zum zum didaktischen Konzept dialogischer Pädagogik bzw. zur transkulturellen Dialogik und im Anschluss daran zum Umgang mit Grenzen und Entgrenzung.

---

[4] Badran, A.: Palestinian-Palestinian Dialogue, in: AdB u. a. (Hg.): Between the Lines: German, Israeli and Palestinian Women in Dialogue, Jerusalem 2000, S. 63.

[5] Chiout, H.: The Two Faces of Conflict, ebd., S. 59.

[6] Ebd.

4.) Das didaktische Konzept als pädagogische Handlungstheorie

Mit Erwachsenenbildung als transkulturelle Dialogik ist eine pädagogische Interaktion gemeint, durch die Multiplikator/innen ihren Adressat/innen Intersubjektivität als Identitätshaltung jenseits von kategorialen Zuschreibungen wie Nation, Alter, Ethnie/Kultur und Geschlechterrolle respektvoll und pluralistisch vermitteln wollen. Das damit verbundene Handeln nenne ich transkulturelles Handeln, die damit verbundene Lebenspraxis und Kultur Transkulturalität. Dieser Begriff bedeutet, dass einerseits in Anlehnung an Welschs Kulturbegriff keine klare Grenzen zwischen Kulturen existieren und andererseits in Anlehnung an Enno Schmitz' Konzept lebensweltbezogener Erkenntnisse Subjekte in ihren Individualisierungsprozessen mehr denn je Selbstaufklärung betreiben und dabei subjektive Grenzen überwinden müssen. Im letzten Satz meiner Dissertation fasse ich diesen Prozess wie folgt zusammen: "Transkulturalität zeigt sich im Beziehungshandeln als etwas 'Drittes', das sich von Situation zu Situation als wandelndes Bild von Zwischenmenschlichkeit entpuppt. Eine Betrachtung liegt darin, das Dritte als ein Risiko zum Vertrauen zu betrachten, das im dialog-etymologischen Sinn *Sich-selbst-an-eine-andere-Stelle-Wagen* bedeuten könnte" (Muth ebd., 2011, S. 207, Hervorh. i. O.). In meinem didaktischen Konzept verstehe ich das Dritte als das Du im Dialog, als die Subjekt-Subjekt-Begegnung bzw. als die Andersheit des Anderen. Bubers Definition der Andersheit ist hierbei leitendes Handlungsprinzip: "Das echte Gespräch, und so jede aktuale Erfüllung der Beziehung zwischen Menschen, bedeutet Akzeptation der Andersheit. Wenn zwei Menschen einander ihre grundverschiedenen Meinungen über einen Gegenstand mitteilen, jeder in der Absicht, seinen Partner von der Richtigkeit der eigenen Betrachtungsweise zu überzeugen, kommt im Sinn des Menschseins alles darauf an, ob jeder den andern als den meint, der er ist, bei allen Einflusswillen, also ihn doch in seinem Dieser-Mensch-sein, in seinem So-beschaffen-sein rückhaltlos annimmt und bestätigt. Die Strenge und Tiefe der menschlichen Individuation, das elementare Anderssein des Andern, wird dann nicht bloß als notwendiger Ausgangspunkt zur Kenntnis genommen, sondern von Wesen zu Wesen bejaht ..." (Buber nach Muth & Nauerth ebd., S. 104)[7]. Welchen Bezug diese Akzeptanz zum Lernen von Respekt und Pluralität hat, soll anhand der

---

[7] Muth & Nauerth: Dialog und Diagnostik – ein praxisorientiertes Handbuch für Lehrende, Wien 2008.

dialog-phänomenologischen Definition von "Lernen an der Grenze" konkretisiert werden.

5.) Mit welcher Form von Grenzen sind die Lernenden konfrontiert?

Aus wissenschaftstheoretischer Perspektive handelt es sich bei der Dialogphilosophie und beim Gestalt-Ansatz grundsätzlich um eine phänomenologische Erkenntnisform. Transkultureller Dialogik geht es folglich um Wahrnehmungsgrenzen und deren Veränderungen. Lernen ist demnach ein bewusster Wahrnehmungsprozess. So schreibt Wheeler "Der Akt der Wahrnehmung und der problemlösende Prozess sind nicht wesensverschieden"[8]. Infolgedessen wird beim transkulturellen Lernen Veränderung als Prozess des Wahrnehmens und Werdens verstanden. D. h. Grenzen des gewohnten Wahrnehmens und des Festhalten von Bewegungen lösen sich auf bzw. werden losgelassen, weil deren Sinn nicht mehr greift, weil die Nachteile des alten Wahrnehmungsmusters und der Starrheit erkannt werden und Einsicht die Zuversicht deutlich macht, dass eine Veränderung mit Wünschen und Zielen in Einklang stehen können. Entgrenzt wirkt dieses Lernen insofern, als das die Prozesse eine innere Selbstreflexion und damit Aufklärung des Bewusstseins bewirken. Dazu braucht der Mensch, sein Selbst gleichzeitig ein unterstützendes Feld als vertrauensvolle Grenze, damit die mit der Selbsterkenntnis verbundene gesunde Scham aufgefangen werden kann. Im dialog-phänomenologischen Ansatz wird das Selbst mit Bewusstsein gleichgesetzt: Das Selbst ist das Bewusstsein, das ein Mensch von seiner Beziehung zwischen seinem Ich und der Umwelt hat. Das bedeutet auch, dass das Ich eines Menschen keine statische Figur, sondern sich wie das jeweilige Handlungsfeld als Umwelt in Bewegung ist. Somit ist Selbst-Reflexion eine Bewegung des menschlichen Bewusstseins, weil das Ich und Umwelt sich in miteinander verbundenen Anpassungsprozessen befinden. Die Ausrichtung auf das Feld bzw. auf die Umwelt kann sich laut Buber in zweierlei Haltungen konkretisieren: Einerseits als Realisierung einer authentischen Beziehung mit einem anderen Selbst, d. h. mit einem anderen Menschen. Diese Begegnung kann ein Dialog werden, d. h. das Ich steht mit einem Du in Beziehung, welche Buber "Ich-Du" nennt. Andererseits kann der bewusste Kontakt mit dem Feld auch ein Ding,

---

[8] Wheeler, G.: Jenseits des Individualismus. Für ein neues Verständnis von Selbst, Beziehung und Erfahrung, Wuppertal 2006, S. 81.

ein Gegenstand, eine Idee, ein Konzept sein. Dieses Verhältnis nennt Buber "Ich-Es". Es dient der menschlichen Orientierung. Eine besondere Bewusstseinsanforderung für das Selbst liegt darin, dass Menschen andere Menschen wie Dinge behandeln, was zuweilen notwendig ist und doch auch den Menschen in ihrem Mensch-Sein nicht gerecht wird. Buber unterscheidet diesbezüglich zwischen Beobachten als Ich-Es und "Innewerden" als Ich-Du: "Wer Du spricht, hat kein Etwas zum Gegenstand. Denn wo Etwas ist, ist anderes Etwas, jedes Es grenzt an andere Es, Es ist nur dadurch, daß es an andere grenzt. Wo aber Du gesprochen wird, ist kein Etwas. Du grenzt nicht. Wer Du spricht, hat kein Etwas, hat nichts. Aber er steht in der Beziehung. ... Die Welt als Erfahrung gehört dem Grundwort Ich-Es zu. Das Grundwort Ich-Du stiftet die Welt der Beziehung" (Buber 1962, S. 80f.)[9]. Letztere geschieht ausschließlich in der Gegenwart, und deswegen kann das Gegenüber noch nicht bzw. nicht mehr einer Kategorie zugeordnet werden. Dabei muss das Vorwissen und das distanzierende Kategorisieren nicht aufgegeben werden. Vielmehr geht es darum, die Andersheit des/der Anderen als lebendige Persönlichkeit jenseits von kategorischen Zuschreibungen zu sehen. Als Gestaltpädagogin erkläre ich das so: "Das Kennzeichen des 'Selbst' ist, dass es an der Kontaktgrenze Anpassung vornimmt: Es passt die Umwelt an die Bedürfnisse des Organismus (= Ich – CM) an, wo das möglich ist; und es passt den Organismus und sich selbst an die Umwelt an, wo das nötig ist" (Blankertz & Doubrawa 2005, S. 259)[10]. Aus diesen Wahrnehmungen und Handlungen heraus <u>wird</u> das Selbst bzw. entsteht Bewusstsein (Hervorh. – CM). Dabei realisiert sich das Selbst an der Kontaktgrenze zur jeweiligen Umwelt von neuem, ohne ein ganz anderes zu werden bzw. sich aufzugeben. Somit sind Grenzen einmal konstitutiv für das Selbst und dann wiederum destruktiv, wenn das Selbst oder die Umwelt keine Veränderung erfährt bzw. starr und somit bewegungslos bleibt. "Das Selbst ist flexibel und aktualisiert sich immer aufs Neue an der Kontaktgrenze, wenn, wo und wie es gebraucht wird" (ebd., S. 263). Es fragt sich, was geschieht nun an der Kontaktgrenze, woraus besteht sie? Was ist Kontakt? Kontakt ist das Selbst in Aktion, die Auseinandersetzung, die Beziehungsgestaltung, die Prozessdynamik zwischen Ich und Umwelt. Dazu gehört sowohl die Wahrnehmung, die ebenfalls eine Bewegung des Ich zur Umwelt oder

---

[9] Ders.: Ich und Du, in: Buber, M.: Werke I, Schriften zur Philosophie, München 1982, S. 87-170.

[10] Dies., in: Blankertz & Doubrawa: Lexikon der Gestalttherapie, Wuppertal 2005.

von der Umwelt weg ausdrückt. Somit stehen Wahrnehmung und Bewegung des Ich in direkter Abhängigkeit zum Bewusstsein. Das Selbst leitet die Beziehung zwischen Ich und Umgebung. Das Wahrgenommene der Umgebung ist alles, was das Ich sehen und erkennen bzw. erfahren kann: Gerüche, Töne, Gegenstände, Theorien, Konflikte, Einflüsse von anderen Menschen etc. Entscheidend ist dabei, wie das Ich sich den Dingen nähert, wie es mit der Welt handelt, wie es mit Informationen, Theorien oder anderen Menschen umgeht. Das gesellschaftliche Feld ist jedoch weder neutral noch statisch zu verstehen. Es wirkt ebenfalls auf das Ich. In meinen Workshop gestalte ich deswegen ein dialogisches Feld, in dem alte und neue Wahrnehmungsgrenzen bewusst und neue Handlungsmöglichkeiten ausprobiert werden können. Es geht also um einen bewussten Umgang mit (inneren wie äußeren) Grenzen, um die Erkenntnis, dass sie förderlich wie auch hinderlich sind und dass destruktive Grenzen insbesondere entbindend wirken und dann den Kontakt und damit die Wahrnehmung der Andersheit des Anderen beenden.

6.) Worin besteht der gesellschaftliche Bedarf?

Die gesellschaftliche Herausforderung begründe ich aus meinem Konzept "Dialogischer Pädagogik als Identitätsbildung durch die Andersheit": "Als pädagogisches Handlungskonzept zielt transkulturelle Dialogik auf ein dialog-biographisches Identitäts-Lernen angesichts einer Gesellschaft, in der die 'Lebenswelt an sich' durch Enttraditionalisierung und Globalisierung brüchig geworden ist. Soll ein Erkennen der eigenen transkulturellen Identität geschehen, brauchen Menschen konkrete Interaktionen, die von Vertrauen, Echtheit als ernsthaftes Interesse, Pluralität und Akzeptanz gekennzeichnet sind. Hiermit kann die Bildung von Intersubjektivität im Sinne von Schmitz' Ansatz in Anlehnung an Mead ermöglicht werden. Transkulturelle Dialogik versucht infolgedessen, Menschen in der Wahrnehmung des Dialogischen zu unterstützen. Doch das Verhalten der Menschen ist überwiegend monologisch ausgerichtet. Individualisierung, Deutungspluralität und Mediatisierung des Alltags erschweren die Konstitution einer kommunikativen Umwelt. Eine alltägliche Lebenswelt scheint kaum noch erkennbar. Sowohl die sinnlich-physische Wahrnehmung der Sinneswahrnehmung als auch die bedeutungsbezogene des Intellekts sind durch die Zunahme zivilisatorischer Risikofaktoren destruktiv eingeschränkt. Insbesondere die lebensnotwendige Deutungskompetenz scheint durch die dissonante Vielfalt von Symbolen irritiert und nicht mehr in gesellschaftlich anerkannten Symbolen wie der Sprache zu funktionieren. Statt eines 'generalisierten Anderen', des Me (Mead) gibt es viele neben einander stehende bzw. unverbundene internalisierte Stimmen bzw. gesellschaftliche Normen, die die Identitäts-Bildung wenig unterstützen können, weil das I (Mead) als unhintergehbare Subjektivität verdeckt ist und der individuellen Entscheidungskraft nicht zur Verfügung steht. Buber spricht diesbezüglich von einer "Verseelung der Welt"[11]. So sind Entscheidungswege möglich, "… wie das 'reale Selbst' wieder wahrgenommen werden kann. Ausgangspunkt sind negative Verwicklung und Entwicklung durch fremdbestimmte und selbst entfremdende Entscheidungen, die wiederum ein bestimmtes Verhalten gegenüber der Welt erkennen lassen und im Sinne von Merleau-Ponty auf ein strukturelles Bewusstsein zurückführbar sind. Da letzteres im phänomenologischen Sinne für ein offenes gehalten wird und somit aufklärbar ist, biete ich Handlungsmöglichkeiten im Sinne einer dialogischen Performanz an: Zuerst gilt es einen neuen Distanzierungsprozess zur Welt und zu den Mitmenschen zu durchlaufen, indem der Mensch sich erst einmal als einzelner wahrnimmt und damit auch die Einzigartigkeit seines individuellen Lebensweges. Letzteren entschlossen zu gehen, ist dialogischer Lebenssinn. Doch hört damit die Bewältigung des Lebensprozesses noch nicht auf. Der Mensch beginnt mit der Selbsterkenntnis bei sich selbst, bleibt hingegen nicht dort stehen, sondern lässt sich auch auf seine Mitmenschen und die Welt ein. Erst dann hat er seinen wirklichen Lebensort gefunden. Eine solche Form der Selbstsorge ähnelt dem Foucault'schen Konzept zur 'Ästhetik der Existenz': Der subjektive Entdeckungsweg allein hilft mir die Wahrheit und die damit verbundene Ethik für die jeweilige Lebenspraxis zu finden. Dabei dient das Erkennen der subjektiven Wirklichkeit gleichzeitig dem Erkennen der objektiven, die die Wahrheitsquelle der eigenen Identitätsbildung ist. Sie liegt wiederum im Nicht-Selbst, mit dem ich einen sozialen Zwischen-Raum verwirkliche und mir hilft, mein 'echtes Realverhältnis' zur Wahrheit im Gegensatz zur Lüge zu finden. Die Lüge präsentiert dabei die negative Wirklichkeit, zu der wir Menschen uns scheinbar gezwungen fühlen. Doch ist der Mensch frei in seinem konkreten Bindungsverhalten. Er kann seine 'personenhafte Verantwortung' gegenüber den ande-

---

[11] Muth, C.: Dialogische Pädagogik, in: Walkenhorst, U. u. a. (Hg.): Kompetenzentwicklung im Gesundheits- und Sozialbereich, Bielefeld 2009, S. 37-38.

ren Dus entdecken und sich von falschen Wegen emanzipieren. Wahr ist das, was im gelebten zwischenmenschlichen Leben bewährt wird. Der Leib ist dabei Mittel zur Wahrnehmung der Welt. Aufgrund der Unhintergehbarkeit des individuellen Subjekts ist jedoch jeder Entscheidungsweg einzigartig. Dynamisch dialogisch betrachtet ist jedes I und somit jede Andersheit einmalig"[12]. In Verbindung mit den Arbeitsnotizen von Merleau-Ponty über das 'Sichtbare und das Unsichtbare' mache ich deutlich, dass unsere mentalen wie leiblichen Grenzen real wie illusionär sein können. Bieten unser Denken und damit unsere Konzepte über die Welt als mentale Landkarten eine erste Orientierung, geht transkulturelle Dialogik weiter, indem sie auf die Realisierung und den authentischen Kontaktvollzug mit den jeweiligen Menschen setzt, die immer auch eine leibhaftige Grenze hat und braucht bei gleichzeitiger Entgrenzung des Bewusstseins. Hierdurch kann Identität in Bewegung kommen und der Mensch braucht sich nicht ausschließlich starr und gleichgültig mit Vorurteilen und Ängsten abgrenzen.

7.) Lernergebnisse (Praxisbeispiele II) und Nachhaltigkeit

Schließlich sollen Aussagen von TeilnehmerInnen aus selbstreflexiven Berichten, die im Rahmen der von meiner Kollegin Annette Nauerth und mir durchgeführten gewaltpräventiven Praxisentwicklungsforschung 'Vertrauen wider Gewalt und Aggression' entstanden, die Lernergebnisse und weitere Dimensionen von Nachhaltigkeit transkultureller Veranstaltungen widerspiegeln. Das Ziel dieses Projektes lag in der Fortbildung von MultiplikatorInnen im Feld interkultureller Sozialer Arbeit in Hinblick auf Ihre Wahrnehmungsfähigkeit von Gewalt und Aggression. Wie anfangs beschrieben, lege ich besonderen Wert auf das Lernen multiperspektivischen Denkens und deutungspluralen Wahrnehmens. In unserer Forschung hatten alle Multiplikatoren eine Dialoggruppe durchlaufen und ihre Abschlussarbeiten dialogorientiert verfasst. Zudem durchlief das gesamte Forschungsteam, bestehend aus Forschern, Praktikern und MultiplikatorInnen, eine Gestalt-Supervision, bei der wiederum der Fokus auf biographische Erfahrungen mit Gewalt und Aggression gelegt wurde. Insbesondere die supervisorische Arbeit mit Heide Schöller, 64 Jahre, im ersten Workshop bewirkte einen intergenerativen Austausch zwischen den

---

[12] Ebd.

jungen Studierenden um 20 Jahre und den Praktikerin und ForscherInnen zwischen 30 und 62 Jahren. Folgende Berichtspassagen veranschaulichen die Wahrnehmungsprozesse:

> "Für viel Verwirrung in mir ... sorgte dann aber unsere Gestalttherapeutin Heidi, der ich sehr dankbar bin. ... ihre Aufrichtigkeit, Ehrlichkeit und ihre Echtheit haben mich ziemlich beeindruckt. Sie hat mir durch ihre Art klar gemacht, dass sich Menschen viel zu wenig Zeit füreinander nehmen" (I, S. 4).

> "Trotz oder gerade wegen der verschiedenen Alters- und Erfahrungsstufen, die in Vlotho zusammentrafen, entstand ein guter Raum, um auch mal abseits von den festgelegten Runden, gute Gespräche zu führen" (I, S. 13).

> "Die unglaubliche Vielzahl an Charakteren, Lebensgeschichten und Ansichten ließ dabei in keinem mir bewussten Moment den einzelnen außen vor, eine Atmosphäre entstand, die mich an den Satz 'Das Ganze ist mehr als die Summe der Teile' denken lässt" (I, S. 21).

> "Die Abschlussrunde, die wieder Raum gibt. Die Differenz darf sein. Differenz zu leben ist manchmal schwieriger und kommt unerwarteter als ich dachte" (I, S. 23).

> "Die grundlegende Selbstverständlichkeit aller Teilnehmer des Projekts, sich mit Respekt und Toleranz zu begegnen war für mich eine Grundlage ... Auch die fröhliche, humorvolle und sehr ausgeglichene Art wie die Leitung (= Cornelia Muth) des Projekts ... trug einen erheblich Anteil dazu bei, dass sich in relativ kurzer Zeit ein unausgesprochenes Vertrauen durch die Person der Projektleiterin ... auf die ganze Gruppe und deren Umgang miteinander auswirkte ... (unvollständige Sätze im Original) ... (I, S. 24).

> Heidi hat jedem Teilnehmer 'Räume' geöffnet ... Auch sie hat durch ihre Persönlichkeit auf alle Teilnehmer gewirkt und gab jedem Teilnehmer in kurzen aber intensiven Momenten das Gefühl von Wertschätzung" (I, S. 24).

Insgesamt wurden die Berichte dialog-phänomenologisch evaluiert. Hierin war der wissenschaftliche Bildungsprozess für alle Teilnehmer/innen vertiefend. Es wurde erkannt, dass die beste Gewaltprophylaxe in intersubjektiven Erkenntnisprozessen liegt, in denen Grenzen gewahrt und Scham konstruktive Anerkennung findet. Hierzu eine weitere Aussage aus den Berichten[13]: *"Wir stellten fest, wie wichtig es ist, Grenzen für sich selber zu setzen, weil wir zu der Erkenntnis kamen, dass Aggression auch oft dann entsteht, wenn man sich selber nicht abgrenzt"* (ebd., S. 172). Diesbezüglich konnten Forscher wie Praktiker ihr persönliches Gewahrsein

---

[13] Aus: Muth & Nauerth (Hg.): Vertrauen gegen Aggression. Das Dialogische Prinzip als Mittel der Gewaltprävention, Schwalbach/Ts. 2010, S. 159-179.

erhöhen und in einem konstruktiv begrenzten Setting die eingeschränkten Wahrnehmungsmuster erweitern und somit persönliche Entgrenzungsprozesse – aus transkultureller Perspektive Prozesse des Innewerdens des Gegenübers jenseits von mentalen Kategorien – wertschätzen. Dass das didaktische Prinzip transkultureller Dialog auch in meiner Lehre weiterhin wirkt, zeigt die letzte Lehr-Evaluation vom WS 2010/11. Folgende Punkte wurden auf die Frage, was in meinen Seminaren besonders gefallen hatte, genannt: *Diskussionsplattform gemeinsames Lernen und Austausch trotz unterschiedlicher Kenntnisstände; verständnisvoller Umgang mit Studenten; Dozentin macht deutlich, was sie von den Studierenden verlangt; kritische Haltung der Dozentin.*

Ein weiterer Beitrag zur Nachhaltigkeit liegt in meinem Angebot im "FB4-Forschungssalon". Er dient dem dialogischen Austausch zwischen Praxis und Forschung sowie Studierenden und AbsolventInnen. Diesbezüglich ist der Salon ein Ort, wo Menschen jenseits vom Status Quo egalitär in ein Gespräch kommen können (nicht müssen). Mit Bubers Worten: "Eine legitime philosophische Anthropologie muss wissen, daß es nicht bloß eine Menschenseele, sondern auch Typen und Charaktere, nicht bloß eine Menschengattung, sondern auch Völker, nicht bloß ein Menschenleben, sondern auch Altersstufen gibt; erst aus der systematischen Erfassung dieser und aller anderen Differenzen, aus der Erkenntnis der innerhalb jeder Sonderheit und zwischen ihnen waltenden Dynamik und aus dem stets neuen Erweis des Einen im Vielen kann sie die Ganzheit des Menschen erblicken" (Buber nach Muth 2011, S. 52).

In einer Welt, in der Zynismus eine berechtigte Haltung ist, gibt transkulturelle Dialogik Zuversicht in Form einer gelebten Utopie. Phänomenologische Praxisentwicklungsforschung gibt diesem Geschehen Worte. Sie versucht, lebendiges Wissen wider zu spiegeln. Dabei ist das neu gewonnene Wissen ähnlich dem mimetischen Wissen. Es ist „vielschichtig, widersprüchlich und theoriewiderständig" (Muth, Matt-Windel, Peter 2012[14]).

---

[14] Dies.: Dialogische Pädagogik in Lehre und Forschung, in: Effinger, H. u. a. (Hg.): Diversität und Ungleichheit - Dokumentation der Jahrestagung 2011 der Deutschen Gesellschaft für Soziale Arbeit, Verlag Barbara Budrich, in Erarbeitung.

How to teach intersubjectivity[1]

This article presents my dialogical teaching since 2001 at the Department of Social Work at Bielefeld University of Applied Sciences. The following describes my approach to teaching 'intersubjectivity' to social work students and my experience with it with reference to Martin Buber's anthropology of the 'interhuman' and to relevant discussions within psychoanalysis. Part of this learning programme consists of implementing 'groups of dialogue' in order to facilitate the skill of becoming aware of 'otherness' and of oneself. My teaching challenges in that it invites people to develop an awareness of the 'interhuman' as a living concept of intersubjectivity for the sake of openness to human growth.

How to teach intersubjectivity

Writing on intersubjectivity from a dialogical perspective demands 'speech-with-meaning'. Working intersubjectively from a meta perspective demands giving up several myths such as neutral objectivity and the myth of isolated minds, in this case of the author and the readers (Orange et al., 1997). In other words you, Dear Reader, and I will only understand each other if we create a common field by relating to one another. Moreover, our 'emotional understanding' (Orange, 1995) is an open and never-ending process. According to this kind of framework, we do not have a particular method and technique of dialogue, but will start by describing the route to intersubjectivity.

My path to intersubjectivity

About a quarter of a century ago, I studied at the Freie Universität Berlin. My studies included social sciences and the humanities. My favourite professor, Enno Schmitz, a sociologist, presented adult education as a process of gaining insight that always refers to the actual world of man and woman. Within this process, according to Schmitz (1989, referring to A. Schütz), the educator takes the role of facilitator, linking subjective experiences with objective knowledge. Drawing on the symbolic interactionism of G. H. Mead and A. Schütz, Schmitz expects the teacher to be able simultaneously to speak to the learner's 'me', which incorporates the rules of

---

[1] This article was originally published as "How to Teach Intersubjectivity", in: Journal for Social Work Practice, Volume 23, Number2, June 2009, 201-214. Reprinted with kind permission. (http://www.informaworld.com)

his/her social world, and respect the learner's unique and personal 'I'. In order to motivate the learner to access objective knowledge, the facilitator has to reach the learner's 'I' and 'me', which together constitute the self. Recognising his or her own subjective world and that of the learner, the facilitator also connects his or her self with the learner's self. The main question becomes how to respect the adult learner and to connect him or her with new insights. Schmitz's answer was 'by dialogue', and by using insights from Michel Foucault, Jürgen Habermas and Martin Buber.

One afternoon in 1983 I had to present some chapters from Buber's book I and Thou. I was overwhelmed to learn that I only gained my identity through meeting the other: 'The You encounters me by grace – it cannot be found by seeking. ... The You encounters me. But I enter into a direct relationship to it .... I require a You to become; becoming I, I say You. All actual life is encounter' (Buber, 1970, p. 62). Being a student, naturally my main questions were 'Who am I?' and 'Where am I going?' I came to realise that my real self as an adult teacher would be a kind of catalysing dialogue, with my bridging between my context and the learner's as the most important process. Today I call this bridge my awareness of intersubjectivity.

Through Schmitz, who unfortunately died too early in 1986 at the age of 46, I met a Gestaltist, Detlef Knopf. Together with other Gestalt therapists he offered a three-year course in Gestalt education. I took part in the programme between 1989 and 1991 in order to find out more about myself as a bridge builder and about the people I wanted to teach. The Gestalt approach was developed by Fritz and Laura Perls in the middle of the last century. With a background in analysis, they combined 'psychoanalytic knowledge with procedural inventiveness through use of three primary devices – relationship, awareness and experiment' (Clarkson, 1991, p. 2). Theoretically, the approach is mainly grounded in phenomenology and existential philosophy, and it is conceptually rooted in holism and field theory.

Looking at my personal background, during my Gestalt formation I became aware how I made contact with people and how I failed. This new awareness was not only developed from a cognitive perspective, but also in an emotionally and bodily experienced way. I started to recognise the 'wholeness' of myself and of other people, and the problematic nature of the mind-body duality. Some years later when I decided to write my thesis I came back to Martin Buber (1966). Meanwhile, I had been working on multicultural dialogue using the Gestalt approach and had won the highest prize in German social science (Muth, 1995). In my thesis I created my own educational concept, referring to Buber's anthropology and the multicultural society (Muth, 1998). The result was a philosophical reflection regarding wo/man as an 'open-minded, eccentric and open question' (Wulf, 1996, p. 48).

At the beginning of my career as a professor of social work, and with the help of my first supervisor in Bielefeld, a clear framework emerged: dialogue had become my way of teaching, and Buber's philosophy of dialogue was the source of my view of intersubjectivity. From a theoretical perspective I consider myself an educational anthropologist whose work is based on anthropological reflection in educational theory:

> [W]hat is requisite is an increase in complexity in knowledge and thinking about man, which must not be reduced by reference to practical restrictions on the actions of the educator. It is, rather, necessary to tolerate the tension between the polycentric complexity of anthropological reflection and everyday educational action, in the awareness that this difference cannot be dissolved. (Wulf, 1996, p. 50)

I have been teaching 'dialogue' to my students for seven years and, together with graduates and a colleague from medicine, I have just started a research project on trust and violence, based on my concept of intersubjectivity. I call it 'Education of Dialogue: Social Refinement by Otherness'. I reflect on anthropological issues in the field of social work in terms of professional relations with other people. The research programme is driven to accept the limits to understanding the 'other' as much as possible, acknowledging 'immutable and incomprehensible otherness'. At the same time we work with the thesis that trust is evidence of a 'real dialogue' and might prevent destructive aggression against people. In short: 'The goal is not the incorporation of the alien, but curiosity concerning others' (Wulf, 1996, p. 54). However, such curiosity is connected to the social worker's 'I' and 'me', and it is therefore linked to his or her experience of rules of relationships. Out of relations with other people, every human being develops patterns of bonding from early on in life. Through Anna Freud, in particular, we know how transference and counter-transference interfere with helping relationships, which is why supervision is a necessary part of the social worker's professional life. Today, developments in psychoanalysis draw attention to problems within professional helping relationships by discussing how the intersubjectivity between therapist and patient affects the healing process. Hence, before I present the dialogical view on intersubjectivity I will explain the analytic one. This will show how important even the mental concept of otherness is for being able to meet and help the 'real other'. I will argue that there is one main difference between dialogical and analytical approaches, which consists in giving meaning to theorising.

Psychoanalytic perceptions of intersubjectivity

In the last decade, psychoanalytic theory has undergone a relational or intersubjective turn (Altmeyer & Thomä, 2006). This has meant that in the encounter of therapist and patient as two subjects, the therapist's involvement is taken into consideration, instead of the therapist being viewed as merely conducting analysis from a monistic position in which the patient is seen as repeating familiar patterns. Although Benjamin (1988) considers intersubjectivity an attitude, she is curious about how people develop relational skill from early childhood. Is it a matter of bonding or differentiation between child and mother or other educational figures, and how is dependency linked to self-denial? Using Hegel's concept of recognition, she looks for a balance between reciprocal affirmation and self-assertion. In the views of both, this balance is upset by power struggles and subordination; only self-confidence and self-consciousness will help one to hold one's own ground.

Orange et al. (1997) follow the same idea. Human beings are challenged by asymmetry and equality at the same time, but how people relate to others is a matter of context and of being a real subject. This triggers a further question: When is a human being a full subject? Leaving the answer open, Orange et al. (1997) take any intrasubjective revelation to be a result of relational processes. However, these authors construct an open and hierarchical approach to understanding subjects. For them, understanding is only possible within a 'field'. Its results are preliminary.

Buchholz (2006) argues that a successful relationship is dependent on mutual understanding and not on the one-sided conception of relations found in the traditional approach to analysis. However, as Bohleber (2006) reminds us, speech and its understanding has limits. He doubts whether everything is intersubjective, and points particularly at the 'negative'. Non-bonding and destroying the otherness for him is a very subjective problem coming from the inside of the individual and not from anywhere else.

In summary, the analytic concept of intersubjectivity turns out to be an encounter of two different subjects. The therapist's clearly separate 'I and me', or ego, consciously checks whether the relationship develops a mutual exchange between two ways of self-assertion despite the social and professional hierarchy. I can point to another advantage of Buber's intersubjective thinking. For Buber (1970), the 'purpose of relation is the relation itself' (p. 112). Keeping one's distance is important but only opens the gate in order to be able to let the relationship happen. Real self-confidence only emerges out of the I –You encounter. A subject only gains an "essential self" in participating in an actuality which is an existence 'that is neither merely a part of him nor merely outside of him'. For Buber, intersubjectivity is therefore a human space between two subjects that neither of them can control or manipulate.

In order to connect the previous view with Buber's, and to clarify the theoretical background of my teaching, I will now explain his 'principle of dialogue'.

Fundamentals of Martin Buber's philosophical anthropology

It needs to be emphasised that Buber's philosophy is a philosophy of its own and does not offer a logical system. Rather, it is a mode of perception to put you in contact with a reality that is often overlooked: the real life of dialogue. In order to become truly/fully aware of the other during an encounter, one needs to give up the dogma of one's mentally fixed categories that create the illusion that one knows the other. Thus, words can be wrong in their representation of human beings. Here, Buber differentiates between 'seeming' and 'being', which makes his philosophy an anthropological one. 'Being' refers to the authentic essence of people, in contrast to 'seeming', which refers to people's images and appearances. Thus, to Buber a genuine dialogue is an interchange free of deceptions. Of course, such an event is very rare, but according to the philosophy of dialogue, such an exchange is the only way to be confirmed as the person you really are, and are meant to be. However, a 'real' meeting is not a matter of your single self or the single other. It is a matter of two or more people creating a common space, the 'sphere of the interhuman', which is another term for a genuine dialogue. The realm of this 'between' is revealed when people bring and give themselves to the other and see the other beyond their own image of them. However, being 'authentic' does not mean one may say anything and let oneself go. This interhuman dialogue reveals what one really wants to say — instead of playing a role — and what one really wants to do — instead of impressing the other or putting an image upon him or her. Therefore, any thought that is important and is not shared interferes and destroys the 'between'. Appearance, for Buber, is an intrusion. The question, consequently, is: How can people meet on a true basis? According Buber's anthropology, one can open up the interhuman by imagining the real other in her or his uniqueness and beginning to accept the real difference between her or him and oneself. As everybody has his or her own truth, the true interhuman reveals the different perceptions of the world. One destroys this process by trying to incorporate the other, even in thought. Even in thought, one can withdraw from accepting the other.

We are, however, afraid to open ourselves up, due to fear of annihilation. Thus, we defend ourselves. We learn to do this from early childhood as we build up a personal structure. In the long run this kind of personality creates a stereotype of intersubjectivity, causing pain and problems, if we do not become responsible for our real selves. In order to say 'I', we need to hear and listen to the present situation and, by thus giving way to authentic and essential intersubjectivity, say ('You' to the other):

> If I face a human being as my Thou, and say the primary word I–Thou to him, he is not a thing among things, and does not consist of things. ... Just as the melody is not made up of notes nor the verse of words ... I do not experience the man to whom I say Thou. But I take my stand in relation to him. ... Only when I step out of it do I experience him once more. In the act of experience Thou is far away. (Buber, 1950, pp. 8–9)[2]

In Buber's discussion of I –Thou we can identify two types of intersubjectivity: actual being with others, and appearing to others, where we are more concerned about what the others think of us. According to this ontology of the interhuman there is a 'twofold attitude' in of human beings:

> THE WORLD IS TWOFOLD for man in accordance with his twofold attitude. The attitude of man is twofold in accordance with the two basic words he can speak. The basic words are not single words but word pairs. One basic word is the word pair I –You. The other basic word is the word pair I–It; but this basic word is not changed when He or She takes the place of It. Thus the I of man is also twofold. For the I of the basic word I –You is different from that in the basic word I –It. (Buber, 1970, p. 53)

---

[2] 'Thou' instead of 'You' was used in the first English translation by Smith.

In short: the I–You relation is a two-or many-sided confirmation; it is the interhuman between two or more subjects. The I–It relation is an experience between a subject and an object, meaning we treat the other as a thing we can manipulate. However, we need the I–It attitude in our daily life for planning and organising, as well as for professional diagnosis (Muth & Nauerth, 2008). What is important is that we understand the twofold ways of dealing with the world and human beings. We can experience intersubjectivity as an I –It: '[I]ts articulation can be surveyed ... You perceive it and take it for your "truth" ... but you cannot encounter others in it.' Alternatively, intersubjectivity can reveal an I –You in an incomprehensible way: '[I]t appears always new to you, and you cannot take it by its word. ... It lacks duration, for it comes even when not called and vanishes even when you cling to it. It cannot be surveyed: if you try to make it surveyable, you lose it' (Buber, 1970, pp. 82–83). Finally, we have to accept the difference between the two attitudes: on the one hand the I-it made which establishes a relation of distance of objects; on the other hand the I-you made which establishes a relation between subjects.

Thus, from a dialogical perspective one can describe intersubjectivity as a concept of the interhuman, or as a genuine way of living your life. Hence, only the latter is what Buber calls I –You, and the precise definition is the I –It. Here we can see the main difference to other authors' concepts, such as those by Orange et al. or Benjamin. The authors conceptualise, but their writings have no intention of taking the reader back to the living presence of the actual encounter. In contrast, Buber is concerned with the application to practice in the philosopher's or therapist's real life, and his or her own twofold attitude to people and his or her conscience about it.

Buber's philosophy is useful for differentiating two ways of conceptualising intersubjectivity. He calls the I of the I–You relation 'person', and the I of the I –It attitude 'ego'.[3] The two attitudes represent the two poles of humanity. Therefore, there are some concepts that are more oriented to the ego, and others that are realised within relating. Looking back to the different notions of intersubjectivity (Benjamin etc., above), it becomes clear that most of the arguments are ego-centric. There is no concern with application while talking to readers' minds. The theory is clear in itself, but it does not encourage the exploration or adoption of a relational attitude.

---

[3] 'Ego' is a compromise between individuality and egoist in translating the German Eigenwesen. It is not to be mistaken for Freud's ego, which is Ich in German. See Buber (1970, pp. 111–112, footnote 7).

Rather, positions are compared without any incentive for experiment. However, the positions of dialogue are weak in their theoretical framing. Readers have to open themselves up in order fully to understand and feel what is written about. Without their actual participation, the discovering of the real otherness and of the interhuman is limited. Two different aims can be formulated at this point: the aim of analysis is to socialise the individual, and dialogue wants to humanise society (De Maré, 1991, p. 178). How the latter finds its way into life is the answer to the title of this article and will be elaborated in the following section.

Teaching a living concept

In recent years I have been conducting dialogue groups as part of my university teaching (Muth, 2005a). One aim of this teaching is thinking together, as opposed to debating against each other; another is to increase the students' awareness of themselves and of others, as a basis for their social work practice aimed at people's intercultural integration. The lack of mutual response among the helped and the helpers challenges the power of negative aggression, which is a result of mistrust and resignation. According to Green and the Gestalt approach, aggression can be a constructive energy, but, when it dissociates, destruction follows: People stop investing in relations and make way for the death drive, whose purpose 'is to fulfil as far as possible a disobjectalising function by means of unbinding' (Green, 1999, p. 85). Using Bohm's (1996) and De Maré's (1991) insights I created my own dialogical setting, which invites people to become interested in otherness by following certain rules:

- A group meets regularly, and individuals attend of their own free will.
- There are no pre-decided topics.
- The aim is finding a way of thinking together.
- Participation in this process happens seriously and without pressure.
- In order to arrive at a process of common thinking, attempts at convincing and persuading the other(s) are given up.
- Everybody can say what they feel about how the process affects them. Communication is not about changing someone.
- The main concern is tolerating the other(s).

- One is guided by the paradox that there is no absolute truth, however universally believed, but that every attitude is relative.
- Everyone agrees to the above rules for the time being, and when someone cannot stay with them they will be changed. The task is to read and to understand these rules, and to ask how everybody else understands them. Thus, the participants make them their own and sense any obstacles to dialogue.

Each group has been different. I (and other colleagues using a similar framework) have found that the participants develop a kind of awareness of themselves and the others, but on a different level than in therapy or encounter groups (Dauber & Zwiebel, 2006; Findeis-Dorn, 2004). They discover differences between old structures of intimate and family interactions and group communication. Openness towards the world beyond one's own grows. People start to share their own experiences.

In describing the effects of the setting and the dynamic of the dialogue groups questions emerge: How does the group engage in such a process of openness, what part does my 'self' play and how do I perform the 'bridge of intersubjectivity'? First and foremost, it is important to assure people that they can decide whether they want to take part in such a group. Therefore, a dialogue group has to be optional within the academic curriculum.

So far, my dialogue groups have been offered in modules such as 'Intercultural Education' and 'Communication Skills'. Groups run once a week for 90 minutes during the academic term. In my seminar announcement I present the group as an experimental setup where one can find different kinds of transcultural communication, and not just monologue. One of the main questions is how to create a helping relationship. I emphasise in my written announcement that I expect real interest and curiosity as the most important motives.

Practical performance

In the very first session I show my real interest by listening to the students' motivations. This in itself creates an astonishing effect: the students perceive my authentic responses as irritating in lieu of my following a method which would give rise to the experience of a boring technical or even academic ritual. They are puzzled by the authentic responses that they receive from me. The faces of most students and their body language reveal a hint of crisis. In my direct way of talking them, the students are challenged between 'being' and 'seeming', which in German academic life is referred to as 'uni-bluff': One pretends to know and does not dare ask 'silly questions'. So my aim in the first session is to build up a space where trust can develop and where there is no need to be embarrassed. I try to create an atmosphere where the self of every single student is welcome. This will be my main approach in the long run. After sharing the students' and my own motivations for participating in a dialogue group, I take some time to explain the rules in detail. Participants are encouraged to let me know what they have, or have not, understood.

My current group (winter term 2008/2009) needed the whole first session to discuss every rule. One main question was how we as social workers and educators can build up mutual trust with our clients. To me, the last rule seems to be the most important in the issue of building trust: It deals with participants' relation to rules and how to handle them. Usually, especially in the field of social work, we find people experienced in ways of avoiding rules they dislike. However, for the sake of the emergence of a real dialogue we need to take the rules seriously and change them if they prevent us from really listening to others. The rules provide a kind of container that allows us to work on communication skills. Nevertheless, I challenge the students to make explicit as many objections and doubts as possible in the very first session. Otherwise, we would merely pretend to perform a dialogue group and become entangled in putting an image on the others.

The following sessions have to prove my promises of being honest and expressing mutuality. Students must experience my addressing their 'You' and vice versa. However, there are more challenges. Participants find it difficult that they have not been given a topic to talk about. They are very cautious and feel anxiety about failing in what they say. At the same time they become aware of their mutual distrust and talk about it as they experience the ambiguity in the face of their free will to enter into dialogue. Therefore, I actively start the first three sessions with short quotations from Buber's most famous book I and Thou, describing this beginning as a kind of warming up to enter a common way of thinking together.

By giving examples from Buber's philosophy I invite listeners to tell of real intersubjective moments. Participants can usually recall 'real dialogues' in contrast to 'speechifying', as Buber calls hidden monologues.

Mutual trust develops slowly and reveals itself in loops. It is like walking through a maze: Sometimes the direction is clear, sometimes it is hidden, and sometimes we are surprised by the short or long way to the entrance, or even by the detours into the middle of the maze. Every now and then moments of silence seem to be intolerable. In every group there are people who love to hold their peace, and others for whom this almost equals a punishment or a threat. To me, these pleasant times of silence characterise a dialogue group. These moments of 'nothing to say', which arise not out of confusion or awkwardness but rather out of a natural modesty, show a growing respect towards spoken words and their effect on others.

Topics come and go like waves at the sea side. Sometimes students hold on to particular themes such as 'survival tips' for their academic life. However, this only occurs in the very first sessions, when they look for 'save' inputs. Later on they talk more and more about 'essential spheres of life' (Friedman in Buber, 1978, p. xiii) such as love and hate, generational life styles, giving presents, elections in the US, the use of mobile phones by children under ten, and shame and guilt. One may ask how these topics and the new ways of relating to otherness occur. I understand that this learning spreads by a 'virus of dialogue' that, while often overseen and suppressed, is innate to everyone. It only waits to be released. Those who are open and concerned about a given phenomenon enter the discussion and share their experiences of it. However, it takes half of the seminar for participants to stop only sharing their individual views, and to display more interest in others' perceptions. Reasons might be the effects of being bored by listening to your own ongoing monologue and the convincing and seducing liveliness of people who act freely. My own participation can be described by Friedman's words:

> But this is the dialogue that goes on moment by moment in each new situation, the dialogue that makes my ethical 'ought' a matter of real response with no preparation other than my readiness to respond with my whole being to the unforeseen and the unique. (Friedman in Buber, 1978, p. xiii)

Evaluation of dialogue

I usually conduct evaluation by dialogue in the middle of term. Last time, I started with an 'open' question: What was new to you? Here is what students said and what I can faithfully report. Some students were amazed by the process, which seemed to be without structure and with freedom of content and direction. They recognised the disadvantages of a firm structure and of their strong responses of hidden inner debates against others' truths. A lot of people enjoyed being able to really talk to their peers and really getting to know them through talking about strange topics. The experiences with 'real' people, and the experience of an authentic group process other than therapy, encounter or self-help group, were new and rewarding although at first they felt odd. Participants were able to learn to become open to conflicts without being involved. Their insights supported ongoing reflection. Finally, my 'free' conducting of the group was appreciated, for allowing them the experience of a leader who is with the people instead of teaching from above. They experienced what I meant by my rules giving space for real interest and intellectual power. Of course, my dialogical evaluation does not reach those who left at the beginning and during the course (Muth, 2005b).

In addition to my evaluation by dialogue I let the participants judge their own process of dialogue. Following Isaacs (1999), I display four squares on the floor. These represent essential fields of conversation that are constructively linked: shared monologues, controlled discussion, reflective dialogue and generative dialogue. In Buberian terms, we could call the first three fields monologue, with only the fourth representing a real dialogue, although it is still an image of the 'between'. Each student puts a tennis ball on the field that they feel has been the most intensive. While laying out the balls, people remember their own process and the difficulties they are having and have had. At the same time, they start to reflect on whether their self-image of their skills is realistic. By being forced to perform their self-judgement openly, people realise movements within the group that are usually projected or assumed. Brühe (2009) calls this kind of assessment a 'judgement of performance'. I have found that people are inexperienced with giving such feedback. Analysing the number of balls in the fields, students are surprised at how rarely a real dialogue takes place and how difficult it is to achieve, because of cultural pressures to manage performance and self defence.

On the whole, people learn the effects when a group meets within a setting where there are liabilities within limits. They start to really listen to one another and to discover their own and others' projections. Participants recognise the dogmatism of their own views, without the pressure of having to achieve anything accept each other's differences.

It is the absence of pressure that enables the process to proceed. As a 'conductor' I have to mean what I say and do what I say. The reliability and consistency of my attitude is one of the main prerequisites for the rules to become alive and to be identified, explored and imitated. My background in the Gestalt approach carries me through these processes (Muth, 2007). My practical attitude is characterised by mutuality, and presence and awareness of the interhuman. My communication is guided by dialogical ways of inclusion and confirmation (Doubrawa, 2007). Of course, I have failed and I do fail when I am not attentive, and of course I make mistakes as I am a non-perfect human being, an ego in Buber's sense. Of course, I try to protect myself, as I do not want to be hurt. Of course, I do not feel like dialoguing all the time: I need time for myself, and I have limits to living intersubjectively.

Students have withdrawn for different reasons: they felt hurt, they were overwhelmed, they could not tolerate or accept a particular other, they wanted more control, they wanted more commitment from others or they felt more anxiety than excitement. Returning to the negative in relation to group processes, we can see obstacles and limits within higher education institutions. Isaacs (1999, pp. 265–267) calls this phenomenon 'instability in the field': 'The dominant emotion in the field tends to be anger. This seems to arise as people discover that not only can they not make dialogue happen, they also cannot get anyone even to agree with them.' De Maré experienced anger and hatred in his dialogue groups. He managed to change it by finding a new meaning of the anger and frustration. However, this process only takes place when people are ready to go through a 'crisis of suspension' and are able to self-reflect and to trust. This kind of social awareness rarely takes place in German universities. A positive outcome in dialogue groups depends on reflective and creative people. Those who accept and overcome their own limited views can create a 'shared field of meaning' that 'simply and profoundly changes what people do' (De Maré in Isaak, p. 276). Nevertheless, we can see that some people experience initial discomfort and turn their backs on dialogue.

All in all, students could and did acknowledge my 'interior condition' and from where my self is operating, namely from the twofold attitude I–It and I–You, according to Buber's view of the interhuman, which is similar to what Scharmer found in his empirical research on 130 managers. What counts in dialogue is not a matter of what and how, but a matter of relation and distance (Muth, 2004). If the leader's 'inner place' is aware of its own dependence on others and accepts this as a human condition, people are motivated to relate to others (Fahr, 2009). In other words, to be able to teach intersubjectivity, one needs the following living insights:

- As human beings, we live at our own risk concerning bonding and non-bonding.
- The myth of an isolated self or mind is a defence against hurt and death.
- This myth results in other myths such as neutrality, abstinence and impartiality.
- The myth of neutrality conveys an illusion of being certain and omniscient, which stands in contrast to people's vulnerability and uncertainty.
- People cannot give up their subjectivity. We need to accept feelings of loss, disorientation and fear.
- There is no place 'above' that we can reach to observe ourselves completely.
- Our subjectivities relate to each other. We can appreciate this interhuman relationship and work with it in both theory and practice (Jaenicke, 2006, pp. 11–34).

Conclusion

Dialogical communication skills and one diagnosis are necessary to build up a professional relationship (Muth & Nauerth, 2008). Thus, social workers are expected to be able to talk with different kinds of people from different cultural and social backgrounds and to respect them. They need people's trust in order to really help them. Genuine dialogue can be a living bridge between social helpers and their diverse clients. Knowledge and awareness of the interhuman will be helpful for students of social work, and prepare them to accept their limits for helping others. They have to recognise their clients as equal partners and meet them in a dignified way without neglecting their own (professional) self, which to the client represents a concrete otherness (Muth, 2008). Only in respecting their clients' unique lives beyond intercultural definitions representing the I–It will social workers be able to reach the genuine other and perform the I –You as transcultural dialogue. However, we need to be able to begin and perform a 'between'. Going through processes of dialogue can be an opportunity to develop the ability to live intersubjectivity.

However, looking at society more broadly, we are challenged by the effects of change and of loss of traditions and integration, which restrict the emergence and the unfolding of dialogue. Globalisation and modern technology dialectically interfere with human life. Dialogue, seen as a transcultural meeting besides intercultural care, supports the building up of self-esteem rather than cultural stigmatisation. Everyone has his or her own personal structure (I) and a diverse lifestyle (me) shaped by the social context. Those many selves are unique in their living. To respect this kind of diversity we need aesthetics like the 'principle of dialogue' to experience plurality and dignity in an unstable modern world. Dialogue groups can only be considered a retreat and a small counter-movement to negative power.

References

Altmeyer, M. & Thomä, H. (2006): Die vernetzte Seele: Die intersubjektive Wende in der Psychoanalyse, Klett-Cotta, Stuttgart.

Benjamin, J. (1988): The Bonds of Love: Psychoanalysis, Feminism, and the Problem of Domination, Pantheon, New York.

Bohleber, W. (2006): 'Intersubjektivismus ohne Subjekt? Der Andere in der psychoanalytischen Tradition', in: Die vernetzte Seele: Die intersubjektive Wende in der Psychoanalyse, eds. M. Altmeyer & H.Thomä, Klett-Cotta, Stuttgart.

Bohm, D. (1996): On Dialogue, Routledge, London.

Buber, M. (1950): I and Thou, trans. R.G. Smith, T. & T. Clark, Edinburgh.

Buber, M. (1966): The Knowledge of Man: A Philosophy of the Interhuman, Harper Torchbooks, New York.

Buber, M. (1970): I and Thou, trans. W. Kaufmann, Charles Scribner's Sons, New York.

Buber, M. (1978): Between Man and Man, Macmillan, New York.

Buchholz, M. B. (2006): 'Konversation, Erzählung, Metapher: Der Beitrag qualitativer Forschung zu einer relationalen Psychoanalyse', in: Die vernetzte Seele:

Die intersubjektive Wende in der Psychoanalyse, eds. M. Altmeyer & H.Thomä, Klett-Cotta, Stuttgart.

Brühe, R. (2009): 'Kompetenzorientierte Beurteilung und Einschätzung in der praktischen Pflegeausbildung anhand der Instrumente Performanzbeurteilung und Kompetenzrad', in: Kompetenzentwicklung im Gesundheits- und Sozialbereich, eds. U. Walkenhorst & A. Nauerth, UniversitätsVerlagWelbler, Bielefeld.

Clarkson, P. (1991): Gestalt Counselling in Action, Sage, London.

Dauber, H. & Zwiebel, R. (2006): 'Dialogische Selbstreflexion: Bericht über ein Seminar', in: Professionelle Selbstreflexion aus Pädagogischer und Psychoanalytischer Sicht, eds. H. Dauber & R. Zwiebel, Julius Klinkhardt, Bad Heilbrunn.

Doubrawa, E. (2007): Touching the Soul in Gestalt Therapy, Gestalt-Institut Köln, Köln.

Fahr, F. (2009): LernWerk, W. Bertelsmann Verlag, Bielefeld.

Findeis-Dorn, C. (2004): 'Achtsamkeit lernen im Offenen Dialog – Dialogprojekte mit Studierenden', Gruppendynamik und Organisationsberatung, vol. 1, pp. 7–25.

Friedman, M. (1960): Buber, M.: The Life of Dialogue, Harper Torchbooks, New York.

Green, A. (1999): The Work of the Negative, Free Association Books, London/New York.

Isaacs, W. (1999): Dialogue and the Art of Thinking Together: A Pioneering Approach to Communicating in Business and Life, Currency, New York.

Jaenicke, C. (2006): Das Risiko der Verbundenheit: Intersubjektivitätstheorie in der Praxis, Klett-Cotta, Stuttgart.

Muth, C. (1995): 'Interkulturelle Hochschulbildung: Toleranz lernen, in: Gesellschaftswissenschaften im Praxisbezug, Themengebiet 1995: Migration, ed. Schader-Stiftung, Eigenverlag, Darmstadt.

Muth, C. (1998): Erwachsenenbildung als transkulturelle Dialogik, Wochenschau Verlag, Schwalbach.

Muth, C. (2004): 'Gemeinschaft als das echte Dritte', in: Gestaltkritik, vol. 1, pp. 28–31, 50–51.

Muth, C. (2005a): Willst Du mit mir gehen, Licht und Schatten verstehen? Eine Studie zu Martin Bubers Ich und Du, ibidem-Verlag, Stuttgart.

Muth, C. (2005b): 'Dialogische Evaluation', in: Im Vertrauen und in Verantwortung – 10 Jahre dialogische Pädagogik, eds. K. Abah Edem & J. Winkelmann, ibidem-Verlag, Stuttgart.

Muth, C. (2007): Heilende chassidische Geschichten: Martin Buber für Gestalttherapeutinnen und Gestalttherapeuten, Peter Hammer Verlag, Wuppertal.

Muth, C. (2008): 'Dialogpädagogische Reflexion über transkulturelle Erwachsenenbildung in Aktion', in: Gruppendynamik und Organisationsberatung, vol. 4, pp. 443–453.

Muth, C. & Nauerth, A. (2008): Dialog und Diagnostik – ein praxisorientiertes Handbuch für Lehrende, Facultas, Wien.

Orange, D. (1995): Emotional Understanding: Studies in Psychoanalytic Epistemology, Guilford, New York.

Orange, D. et al. (1997) Working Intersubjectively: Contextualism in Psychoanalytic Practice, Analytic Press, Hillsdale.

Schmitz, E. (1989): 'Erwachsenenbildung als lebensweltbezogener Erkenntnisprozess', in: Erwachsenenbildung: Interaktion mit der Wirklichkeit. In memoriam Enno Schmitz, eds. E. M. Hoerning & H. Tietgens, Julius Klinkhardt, Bad Heilbrunn/Obb.

Wulf, C. (1996): 'Historical anthropology and educational studies', in: Education for the 21st century: Commonalities and Diversities, ed. C.Wulf, Waxmann, Münster.

Nicht für die Pädagogik, sondern für das Leben erkennen wir:

Martin Bubers Wissenschaftslehre als existentiell-religiöser Hintergrund für theoretische Gestalt-Figurationen[1]

Der Existentialismus hat auf Theorie und Praxis von Gestalttherapie entscheidenden Einfluss gehabt und hat auf die Problematik des Lebens aus zweiter Hand hingewiesen[2]. Eine ähnliche Problematik besteht auch in der Praxis der Wissenschaft. 'Second-hand-Texte' können die Originalliteratur entfremden und eine andere Wahrheit als die des ersten Textes bilden. Die Herstellung dieser Wahrheit ist ein legitimes Vorgehen der Hermeneutik. Sie und andere Wissenschaftslehren sind Ausdruck eines abgeschlossenen Prozesses von Abstrahieren und Verbalisieren. Das Produkt bzw. die Abstraktion kann als fixierter Teil eines menschlichen Gesamtvorganges betrachtet werden[3]. Dass der Vorgang auch ein Leben aus zweiter Hand bzw. ein entfremdetes und gespaltenes Wissen produzieren kann, darauf weisen Perls et al. hin, wenn sie in den 'Grundlagen von Gestalttherapie' die Seele des Menschen beschreiben. Sie meinen, dass die grundlosen aber nicht leeren Abstraktionen ein bester Beweis für die Seele sind und fragen sich dabei, ob TheoretikerInnen einen echten Kontakt zu den wirklichen Funktionen der höheren Abstraktion haben. Ihrer Aussage nach zeigt sich echter Kontakt nur dann, wenn WissenschaftlerInnen ihre Abstraktionen mit der Außenwelt verbinden können und nicht in einem "seelischen Vakuum" existieren[4].

Die Verbindung zur Außenwelt zeigt sich in der Sprache. Sie ist die vorteilhafte Differenzierung des schon vorhandenen Kontakts, dessen, was schon im gefühlsmäßig Organisierten lag. Sprache ist demnach nicht ursprünglicher Kontakt, und

---

[1] Erstveröffentlichung als "Nicht für die Theorie, für das Leben erkennen wir", in: Gestalt-Kritik, 1, 2006, 18-24. Wiederabdruck mit freundlicher Genehmigung.

[2] Polster, E./Polster, M.: Gestalttherapie. Theorie und Praxis integrativer Gestalttherapie, Frankfurt/M. 1988/83, 295.

[3] Perls, F.S./Hefferline, R.H./Goodman, P.: Gestalttherapie. Grundlagen, München 1992/Stuttgart 1979, 52.

[4] A. a. O., ebd.

deswegen drückt ein Text immer Erfahrung aus zweiter Hand aus. Wird dies in der Auslegung und Wahrheitsfindung von und bei Texten nicht beachtet, findet eine doppelte Entfremdung statt: "Wenn die ursprüngliche Gefühlseinheit schwächer wird, werden diese Abstraktionen höherer Ordnung – Objekt, Person, Werkzeug, Wort – allmählich für den ursprünglichen Kontaktgrund gehalten, so als bedürfte es vorsätzlicher differenzierter Geistestätigkeit, um miteinander in Berührung zu kommen"[5]. Die abstrakte Haltung kann dazu führen, dass sprachlich vermittelte Beziehungen die zwischenmenschliche ersetzen und die Sprache an Gefühl verliert. In der Wissenschaft zeigt sich dieses Resultat in der Repräsentation und Vermittlung idealer Wirklichkeiten.

Auch Martin Buber hatte ein Gewahrsein für die Vernachlässigung von Gefühl und Intuition, und seine Epistemologie zeigt einen Weg, wie authentisch WissenschaftlerInnen bzw. GestalttheoretikerInnen sein können, wenn sie sich der Bedeutung ihrer Erfahrungen als Hintergrund und Quelle neuer Figurationen bewusst sind[6]. Kritische LeserInnen und AutorInnen können sich deshalb fragen, ob und wie sie in existentieller Praxis stehen und ob sie, wie Buber es formuliert, auch wirklich "authentische soziale Gedanken" formulieren[7]. Mein Beitrag will diese Form kritischer Selbstreflexion durch die Rekonstruktion des existentiell-religiösen Hintergrundes, vertreten durch Martin Bubers Wissenschaftslehre, für neue Gestaltfigurationen unterstützen und die Diskussion um religiöse und spirituelle Dimensionen von Gestalttherapie und -pädagogik beleben[8].

Abschließende Verknüpfungen zwischen Bubers Wahrnehmung von Erkenntnisprozessen und dem Gestalt-Kontakt-Zyklus untermauern erneut die Verwandtschaft zwischen Bubers Existenzphilosophie und Gestalttherapie. Gleichzeitig zeigen sich ihre jeweiligen Nähen zur hermeneutischen Tradition der Geisteswissenschaften.

---

[5] A. a. O./(Goodman), 102.

[6] Vgl. Mendes-Flohr, P.: Von der Mystik zum Dialog. Martin Bubers geistige Entwicklung bis hin zu "Ich und Du", Königstein/Ts. 1979, 11.

[7] Buber, M.: Die Forderung des Geistes und die geschichtliche Wirklichkeit, in: ders.: Hinweise, Zürich 1953, 121.

[8] Helg weist in seiner Untersuchung von Bubers Einfluss auf Gestalttherapie u. a. daraufhin, wie wenig über diese Dimensionen diskutiert wird. Vgl. Helg, F.: Begegnung und Kontakt: Der Einfluß Martin Bubers auf Fritz Perls und die Gestalttherapie, in: Integrative Therapie, 3, 1992, 211ff.

Der Weg zur Erkenntnis

Schon in den 80er Jahren weist Lockowandt auf die Ähnlichkeit zwischen humanistischer Psychologie und der geisteswissenschaftlicher Methodik Wilhelm Diltheys hin: Beide könnten als Aufbruchbewegungen zu verstehen sein. Sie versuchen, die Wahrnehmungen des Menschen und seine Handlungen nicht in objektive Kriterien zu spalten, sondern in ihrer Ganzheit zu verstehen[9]. Der Bezug zum Begriff der menschlichen Erfahrung und der damit verbundenen Selbstreflexion und Hinwendung zur Freiheit bzw. Erweiterung von Handlungsspielräumen sind weitere gemeinsame Elemente. Die Wissenschaftslehre von Martin Buber liegt zeitgeschichtlich dazwischen. Außerdem war er ein Schüler Diltheys. So ist es auch zu verstehen, wenn Buber in Bezugnahme auf Dilthey als Mit-Begründer einer philosophischen Anthropologie folgenden Weg für Erkenntnis beschreibt: "Philosophische Erkenntnis des Menschen ist ihrem Wesen nach eine Selbstbesinnung des Menschen, und der Mensch kann sich auf sich selbst eben nur so besinnen, daß sich zunächst die erkennende Person, der Philosoph also, der Anthropologie treibt, auf sich selber als Person besinnt. ... Die Ganzheit der Person und durch sie die Ganzheit des Menschen erkennen kann er erst dann, wenn er seine Subjektivität nicht draußen lässt und nicht unberührter Betrachter bleibt"[10].

Diese Aussage wurde in der humanistischen Psychologie aufgenommen, jedoch unscharf einkategorisiert. So hat Lockowandt Maslows Aussagen über Wissensermittlung in Zuschauerwissen und interpersonales Wissen aufgeteilt[11]. Die letztere Form des Wissens lehnt er an die Bubersche Terminologie von Ich-Du-Beziehung und die erste Form an die Ich-Es-Beziehung an. Maslow und Lockowandt behaupten, dass Buber Wissen beiden Beziehungsbereichen zuordnet. Meines Erachtens stimmt ihr Vorgehen nicht mit Bubers Intentionen und Aussagen über die Prinzipien der Ich-Du- und Ich-Es-Beziehungen überein. Zur Begründung meines Widerspruchs, erfolgt eine kurze Darlegung der Buberschen Ontologie vom dialogischen Prinzip.

---

[9] Vgl. Lockowandt, O.: Die Erkenntnisquellen und Methoden der humanistischen Psychologie, in: Petzold, H.: Wege des Menschen. Methoden und Persönlichkeiten moderner Psychotherapie, Bd.1, Paderborn 1994/84, 45ff.

[10] Buber, M.: Das Problem des Menschen, Heidelberg1982/48, 19f.

[11] Vgl. Lockowandt, a.a.O., 69f.

Der Mensch und seine zwiefältige Haltung

Buber geht bei der Entwicklung des dialogischen Prinzips von folgenden Prämissen aus: Die Welt wird vom Menschen zwiefältig wahrgenommen. Diese Haltung ist genauso zwiefältig wie die Grundworte, die er sprechen kann. Die Grundworte bestehen aus Wortpaaren; es gibt deren zwei: Ich-Du und Ich-Es (oder -Sie oder -Er). Dies führt dazu, dass das Ich des Menschen auch zwiefältig ist, weil das Grundwort Ich-Du ein anderes als das Ich-Es ist. Grundworte finden ihren menschlichen Sinn, in dem sie gesprochen werden. Spreche ich ein Du, ist mein Ich immer im Wortpaar Ich-Du mitgesprochen. Spreche ich ein Es, ist mein Ich immer im Wortpaar Ich-Es enthalten. Das menschliche Ich steht somit entweder in Beziehung mit einem Menschen oder mit einem Ding. Spricht man das Grundwort Ich-Du, so kann es nur mit dem ganzen Wesen gesprochen werden. "Das Grundwort Ich-Es kann nie mit dem ganzen Wesen gesprochen werden"[12].

Ein Ich kann nicht allein sein. Es existiert nur in den Grundworten Ich-Du und Ich-Es. Sobald der Mensch Ich spricht, redet er entweder vom Du oder Es. Das gilt auch umgekehrt. Spricht der Mensch von Du oder Es, spricht er das Ich des jeweiligen Grundwortes. Buber führt fort: "Ich sein und Ich sprechen sind eins"[13].

Spricht ein Mensch ein Grundwort, so steht er darin, nämlich in der Beziehung zum Du oder Es (bzw. Er, Sie). Buber unterscheidet zwischen dem Reich des Es, des Gegenstandes, der an andere Es grenzt und dem Reich des Du, das nicht grenzt.

"Das Grundwort Ich-Du stiftet die Welt der Beziehung"[14]. Wer Du sagt, steht in einer Beziehung. Dadurch dass das Ich-Du nicht grenzt, ist es auch nicht als interpersonales Wissen zu fassen. Die in Worte gefasste Erfahrung des Ich-Du spiegelt das Ich-Du-Sein nicht wider. Hier sind Worte in ihrer Ausdrucksmöglichkeit begrenzt, um das Sein des Menschen ganz zu erfassen. Dies ist auch beim Lesen ganzheitlicher Theorien zu berücksichtigen.

Buber unterscheidet zwischen dem Ich des Grundwortes Ich-Du und dem Ich des Grundwortes Ich-Es. Das Ich des Grundwortes Ich-Es ist ein Eigenwesen und ist ein sich bewusstes Subjekt des Erfahrens und Gebrauchens. Ein Eigenwesen ist erkennbar, indem es sich von anderen Eigenwesen abhebt.

---

[12] Buber, M.: Ich und Du, in: ders.: Das dialogische Prinzip, Gerlingen 1992/62, 7.
[13] A.a.O., 8.
[14] A.a.O., 10.

Das Ich, das im Grundwort Ich-Du steht, nimmt am wirklichen Leben teil. Dieses Ich ist Person und sich durch Subjektivität bewusst: "Eine Person erscheint, indem sie zu anderen Personen in Beziehung tritt"[15]. Die Person ist und erkennt ihr Sein. Das Eigenwesen entfernt sich vom Sein. Es sieht sich in seinem Leben festgelegt und schreibt sich eine feste Identität zu und sagt von sich selbst: "So bin ich"[16]. Die Person dagegen nimmt am Sein der Anderen teil und erkennt sich dabei selbst und sagt: "Ich bin"[17].

Jedoch will Buber durch diese Beschreibung Menschen nicht in zweierlei Menschen teilen. Er sagt, daß jeder Mensch beide Pole in sich hat. Kein Mensch ist weder reine Person noch Eigenwesen, lebt weder wirklich noch unwirklich. "Jeder lebt im zwiefältigen Ich"[18]. Allerdings ist der eine Mensch personenorientierter und der andere eigenwesenbestimmter.

Das Personenwesen als Bedingung für echte Erkenntnis

Nach Bubers Theorie sucht das Personenwesen, die echte Person, ein Mehr jenseits der alltäglichen Bedürfnisbefriedigung. Die Suche drückt den Wunsch nach "vollkommener Relation" aus[19]. Sie soll gegen das Fremdwerden der Welt und gegen die Selbst-Entfremdung helfen. Der Wunsch selbst führt den Menschen zu einer Vorhalle, in der sich die Pforten zu den Innenräumen von vier Potenzen öffnen, die sich in "Glaube, Liebe, Kunst und Erkenntnis"[20] ausdrücken. Buber sagt, dass nur der Mensch diese vier Möglichkeiten für sein Streben nach Ganzheit hat. In ihnen kann er seine "Naturhaftigkeit" transzendieren[21]. Der Mensch, der die ihm eigene Erkenntnis sucht, will den Gegenständen "auf den Grund kommen"[22]. Er interessiert sich für eine nicht-alltägliche Art des Erkennens. Sein Ziel ist das vollkomme-

---

[15] A.a.O., 65.

[16] A.a.O., 66.

[17] A.a.O., ebd.

[18] A.a.O., 67.

[19] Buber, M.: Der Mensch und sein Gebild, in: ders.: Werke I, Schriften zur Philosophie, München/Heidelberg 1962, 439.

[20] A.a.O., ebd. f.

[21] A.a.O., 438.

[22] A.a.O., 439.

ne Erreichen der erkenntnishaften Beziehung zum Gegenstand, auf den er allein er sich konzentriert. Danach setzt er ihn wieder in den Gesamtzusammenhang.

Die Suche nach Erkenntnis beruht für Buber auf ein Ich-Du. Seine Erkenntnistheorie bezieht sich auf ein Ich-Du. Beziehungen, in einem Ich-Es objektiviert, bilden die Elemente seiner Theorie. Auch umgekehrt hat dieser Weg eine Bedeutung. Wenn aus einem Ich-Es kein Ich-Du gemacht werden kann, ist das Wort als Mediator und somit ein Ich-Du verloren gegangen. Der Mensch braucht für das Ich-Es bzw. für diese Objektivation Zeichen und Symbole, die ihm etwas sagen. Die darauf bezogene Aufmerksamkeit bildet seinen Erkenntnisweg. Buber unterscheidet jedoch entsprechend der zwiefältigen Haltung des Menschen: Echtes Erkennen vollzieht sich im Ich-Du, in dem der Mensch in der Gegenwart lebt. Es ist eine direkte Wirklichkeit, in dem niemand über den anderen weiß, und man selbst auch nicht. Die Ich-Du-Beziehung ist eine Begegnung zwischen zwei sich bestätigenden Wesen.

Die Ich-Es-Beziehung stellt dagegen Vergangenheit dar, weil menschliche Denkkategorien nur möglich sind, wenn Menschen Raum, Zeit, Ursache und Wirkung zu Objekten machen. Ein solches Verhalten umschließt Menschen in ein Ich-Es und somit in die Vergangenheit, denn Denkkategorien sind Symbole für etwas, was schon geworden ist. Selbst die menschlichen Zukunftspositionen gehören zur Welt der Vergangenheit, da sie auf Annahme von Einheitlichkeit, Kontinuität, Ursache und Wirkung und Ähnlichkeit der Zukunft mit der Vergangenheit beruhen. Die fundamentale Realität von Ich-Du ist dagegen nicht systematisierbar. Ich-Du kann nie durch Ich-Es beschrieben werden, da Ich-Es Kategorien sind, mit denen der Mensch festhält und nicht geschehen lässt. Somit ist wissenschaftliches Erkennen ein Ich-Es. Auf der einen Seite gilt es, in der Wissenschaft mit Objekten zu arbeiten. Um jedoch dem wirklichen Leben „auf den Grund" zukommen, sagt Buber, ist es wichtig, die grundsätzliche Ebene der Subjekt-Objekt-Beziehung als primäre Wahrheit zur Realitätserfassung zu verlassen.

Buber schlägt den Weg der wissenschaftlichen Intuition und die Einarbeitung von Ich-Du in die jeweiligen Objektivationen vor. Die Objektivationen können im Dialog vergegenwärtigt werden. Sie gelangen dorthin, wo Erkenntnisse entstehen bzw. inspiriert werden: in den Ich-Du-Beziehungen. So besteht sein Weg der Erkenntnis in der Konfrontation des ganzen Seins des Menschen mit der Realität.

Lockowandts Anwendung von Maslows Einteilung in Ich-Du-Wissen, d. h. interpersonales Wissen zeigt sich als undurchführbar. Es gibt nur das Ich-Es als Wissens-Beziehung. Jedoch ist das Ich-Es-Wesen abhängig vom Ich-Du, weil ohne authentische Bindung keine authentische soziale Erfahrung möglich ist. Dies ergibt für Buber, dass ohne authentische Erfahrung kein authentischer sozialer Gedanke möglich ist. Die PhilosophInnen müssen deswegen mit ihrem ganzen Dasein in ihrem Wissen sein. Sie sollen zeigen, was ihnen die Situation sagt. Durch strengste Konzentration der geistigen Kraft lösen sie sich von dem Einfluss der jeweiligen Situation. Dadurch müssen PhilosophInnen nicht befürchten, dass sie "falsch" beeinflusst seien[23]. Für Buber ist die Intuition die menschlichste Form des Ich-Es in der Realisation zur Begegnung mit der Welt. Die Ich-Du-Beziehung ist der Baumeister, und die Intuition ist Gehilfe für die Wissenschaft[24].

Zum Begriff der Intuition

Buber charakterisiert Intuition als "Zweiheit zwischen Anschauenden und Angeschautem"[25]. Obwohl Subjekt und Objekt eine Gemeinsamkeit haben, spaltet sich die Intuition hier auf. Buber widerspricht hier Bergsons Begriff von Intuition, der den Akt des Erkennens und der Welterzeugung als einen zeitgleichen sehen will. Buber hingegen sagt, dass objektives Erkennen als Ich-Es und Handeln im Widerspruch stehen. Indem der Mensch gleichzeitig erkennen und handeln will, ist er am Geschehen nicht mehr beteiligt. Er verhält sich zu etwas Vergangenem, zu einem Gegenstand. Sein und Erkennen bilden also keine Einheit. Das, was ein Mensch vom anderen wahrnimmt bzw. erkennt, ist nicht identisch mit dem Kontakt, den dieser mit jenem erlebt[26]. Das "erkannte" Wesen ist nicht identisch mit dem "seienden" Wesen, weil sich der Mensch beim Handeln nicht in einen Betrachter und den Betrachteten spalten kann und Erkennen nur ein Teil vom Sein ist[27]. "Nicht bloß wenn er 'sich handelnd sieht', sondern mit jedem, auch mit dem 'intuitiven' Er-

---

[23] Vgl. Friedman, M.: Buber's Theory of Knowledge, in: ders.: Martin Buber. The Life of Dialogue, New York, 1960/55, 173.

[24] Vgl. Buber, M.: Gottesfinsternis. Betrachtungen zur Beziehung zwischen Religion und Philosophie, in: Werke I, a.a.O., 598.

[25] Buber, M.: Zu Bergsons Begriff der Intuition, in: Werke I, a.a.O., 1073.

[26] A.a.O., 1073.

[27] A.a.O., 1074.

kenntnisakt beeinflusst er den Vorgang der Handlung und beeinträchtigt dessen Einheit, vorausgesetzt, dass er den Erkenntnisakt wirklich zugleich mit dem Handeln vollziehen will; denn will er dies nicht, ist also in dem Augenblick, in dem er erkennt, der entscheidende Akt des Handelns schon vorüber, dann verhält er sich zu etwas Vergangenem und Erinnertem zu einem 'Gegenstand', nicht aber zum Geschehen selbst"[28]. In der echten Begegnung erfolgt ein Durchbruch vom "Bild" zum "Sein"[29]. Eine Ich-Du-Beziehung ist im Vollzug von Erkenntnis[30]. Es könnte subjektives Wissen genannt werden.

Diesbezüglich ist für die (dialogische) Wissenschaft wesentlich, dass ein Mensch ohne Ich-Du-Erfahrungen keine adäquate Erkenntnis macht. In Bubers Augen verliert ein solcher Mensch beides: Begegnung und Erkenntnis. So ist der Weg des Intellekts weder der Weg zur Welt noch zum Leben. Die Intuition überbrückt die Kluft zwischen Sein und Erkennen nicht. Sie schafft es nur, dass die ganze Person in Akten des Erkennens ihre Potenz, ihr Streben nach Mehr und nach Vollkommenheit verwirklicht. "... die Intuition verbindet uns als Personen mit einer uns gegenüberstehenden Welt durch die Schau, verbindet uns mit ihr, ohne uns mit ihr einen zu können, durch eine Schau, die nicht absolut sein kann, die wie alle Wahrnehmung von unserer Beschaffenheit, unserer allgemein-menschlichen und unser persönlichen, bestimmt ist und doch in unsäglicher Intimität einen Blick in verborgene Tiefen gewährt"[31]. Die Intuition ist nichtsdestoweniger ein Teil des Erkenntnisakts und somit ein wesentliches Moment in der Epistemologie Bubers.

---

[28] A.a.O., 1074.

[29] A.a.O., 1075.

[30] Hier zeigt sich die geisteswissenschaftliche Verwandtschaft zur philosophischen Hermeneutik von Gadamer. Er nennt diesen 'Vollzug' Horizontverschmelzung, vergleicht Textauslegung mit Ich-Du-Erfahrungen und sagt dazu: "Vielmehr ist Verstehen immer der Vorgang der Verschmelzung solcher vermeintlich für sich seiende Horizonte"; Gadamer, H.-G.: Bd. 1, Hermeneutik. Wahrheit und Methode - 1. Grundzüge einer philosophischen Hermeneutik, Tübingen 1990/60, 311.

[31] Siehe Anmerkung 24, a.a.O., 1078.

Zur Situation der/des WissenschaftlerIn[32]

In der Bestimmung der Aufgabe des/der WissenschaftlerIn geht Buber in seiner Analyse von der Soziologie aus, die per wissenschaftliche Erkenntnis gesellschaftliche Zustände verändern wollte/will. Jedoch unterscheidet der Autor zwischen einem Menschen, der erkennen will, was zu ändern ist und einem Menschen, der erkennt, dass die Welt in einer Krise ist und dass der Wissenschaftler selbst mit in ihr steht. Deswegen soll er nicht einfach von der Wirklichkeit sprechen, sondern als "Partner der Wirklichkeit" und sowohl an der Wandlung des Geistes als auch an der eigenen Wandlung arbeiten[33, 34]. Der/die WissenschaftlerIn zeigt auf das hin, was von ihm/ihr als PartnerIn der jeweiligen Wirklichkeit gefordert wird. Die jeweilige Situation ist entscheidend für die Aussage der/des WissenschaftlerIn. Auch wenn der Mensch ihn/sie nicht hören will, kann er/sie sich nicht zurückziehen. Sie/er muss seine/ihre Kritik und Forderung bzw. "Botschaft" sagen[35]. Auch wenn sie keine Beachtung findet, der "Stachel" bleibt ewiglich erhalten[36], weil der Geist auch in der Resignation arbeitet und ein Funke für wirkliche Denkbeziehungen zum Sein ist.

---

[32] Buber macht explizit keine geschlechtsdifferenzierenden Aussagen über die jeweilige Situation von Frauen und Männern in der Wissenschaft. Es gibt jedoch einen Briefwechsel zwischen Landauer und Buber, als Landauer Buber einen 'Erwecker und Fürsprecher des spezifisch frauenhaften Denkens' nennt (siehe in: Buber, M. (Hg.): Gustav Landauer, Der werdende Mensch. Aufsätze über Leben und Schrifttum, Potsdam 1921, 249). Buber bestreitet darin die Existenz einer geschlechtsspezifischen Ausdrucksform des Geistes. Jedoch macht er Unterschiede zwischen dem Denken von Frauen und dem von Männern und schränkt diese Unterscheidung beim 'Ich sagen' ein, weil es dabei für ihn nur ein Menschdenken gibt. Buber bezieht sich auf ein Ich, das die polaren Spannungen in der Wirklichkeit bewältigt, und sagt dazu: "Der wahrhaft denkende Mann muß das frauenhafte, die wahrhaft denkende Frau das mannhafte Denken mit durchleben, jedes muß darin den Gegenpol zu seinem eigenen finden, um aus beiden die Einheit des geistigen Lebens werden zu lassen", in: Schaeder, G. (Hg.): Martin Buber: Briefwechsel aus sieben Jahrzehnten I: 1887-1918, Heidelberg 1972, 324.

[33] Siehe Anmerkung 6, a.a.O., 123.

[34] Geist definiert Buber als eine Kontaktfläche zwischen einem Ich und einem Du, das keine welthafte Erscheinung hat. Du kann Gott bzw. das ewige Du sein. Es ist die Haltung des Ich zur Nicht-Welt. Ohne diese Art von Beziehung kann Seele nicht entstehen. Vgl. Buber: Von der Verseelung der Welt (1923), in: ders.: Nachlese, Gerlingen 1993/65, 134ff.

[35] Siehe Anmerkung 6, a.a.O., 138.

[36] A.a.O., ebd.

Zudem zeigt Buber, wie die Philosophie verkennt, dass sie als Denken nur Teil des Seins ist. Er bezieht sich dabei auch auf Kant, der entdeckt, wie begrenzt philosophisch-wissenschaftliches Erkennen durch vorgeformte Denkkategorien ist. Dennoch hält Buber Philosophie nicht nur für fiktive Gedankengebäude. Philosophische Erkenntnis ist echter Beweis für wirkliche Denkbeziehungen zum Sein: "Das Sein, insofern es sich den menschlichen Denkgehalten zuteilt, ist <u>auch</u> im Denken des Menschen, und der erkennerische Geist ist ein Funke des Pneuma, wenn auch ein abgelöster Funke – Geist in der Haltung der Selbstanschauung"[37]. Dennoch, so stellt Buber fest, kann wissenschaftliches und philosophisches Denken das ganze konkrete Leben nicht erfassen. Wissenschaft hat Grenzen. Sie muss erkennen, dass sie nicht das Leben, sondern Teil des Lebens ist. Wissenschaft drückt die "Objekt-Subjekt-Beziehung" zum Leben aus[38]. Leben selbst bezieht sich auf jeden Augenblick neu. Dennoch erkennt der Autor den philosophischen Ich-Es-Erkenntnisweg an, gerade weil der Mensch sich aus Erfahrungs- und Denkzusammenhängen existentiell aufbaut. Jedoch verzichtet man dabei auf die Ich-Du-Beziehung, und echte Gemeinschaft kann aus dem Erkenntnisprozess nicht entstehen. Die Gefahr für einen philosophischen Menschen ist deswegen, dass er nicht mehr zwischen Denk- und Lebensakten unterscheidet und dadurch die "konkreten Situationen" und das "lebendige Zueinander", das eben scheitern kann und nicht wie ein Erkenntnisprodukt bestehen bleibt, aus den Augen verliert[39].

Schon Hans Kohn weist 1930 auf Bubers philosophische und religiöse Weltanschauung hin. Er beschreibt, wie Bubers Haltung eine Abkehr von der platonischen Philosophie ausdrückt: Es ist nicht das Allgemeine, von der aus das menschliche Sein dargestellt wird. Nicht mehr das Denken ordnet das Sein, sondern umgekehrt. "Das neue Sein ist vom Sein erzeugt, es ist nicht logisch, sondern ontologisch"[40]. Im Mittelpunkt dieser Betrachtung steht der einzelne Mensch in seiner konkreten Situation. Buber kritisiert damit die idealistische Richtung der Philosophie.

---

[37] Buber, M.: Philosophische und religiöse Weltanschauung (1928), in: ders.: Nachlese, Gerlingen 1993/65, 118.

[38] A.a.O., ebd.

[39] A.a.O., 117.

[40] Kohn, H.: Martin Buber. Sein Werk und seine Zeit: Ein Beitrag zur Geistesgeschichte Mitteleuropas, Köln 1961/Hellerau 1930, 355.

Die konkrete Situation als religiöse Situation

Die konkrete Situation, das Sein des Menschen ist nach Buber auf ein Du gerichtet. Sie enthält immer eine Richtung auf das ewige Du, auf Gott. Diese Art der Weltanschauung ist eine religiöse Weltanschauung, die dann eine echte religiöse Welterfassung ist, wenn der Mensch auf die jeweilige Situation und auf den jeweiligen Menschen eingeht. Die religiöse Situation ist rückhaltlos und gekennzeichnet durch das eigene Bekenntnis. Philosophisches Denken dagegen ist das Bekennen des eigenen Selbst. Es stiftet Denkzusammenhänge unter Menschen. Jedoch verstehen Menschen unter Begriffe immer unterschiedliche Phänomene. Das Resultat ist, dass sie sich nicht verstehen und dadurch auch keine Gemeinschaft bilden können. Dennoch gehört für Buber die Philosophie zum Weg der Erlösung des Menschen. Denn die "Schau", die Buber meint, drückt sich wie folgt aus: "Der Mensch ist nicht mehr im Ich-Du und erkennt noch nicht Subjekt-Objekt"[41, 42]. Ein solcher Prozess kann als Wandlung und Heilung für den Menschen bedeutsam sein.

Buber kritisiert diesbezüglich die Verselbständigung der Geistessphären, die sich im falschen Autonomieglauben zeigt, das sich im "Selbstbegnügen, im Sichbefassen mit sich selbst" ausdrückt und bevorzugt deswegen den Weg der **Offenbarung als die reine Gestalt der Begegnung** (Hervorhebung CM)[43]: Sie kommt weder vom Innern des Menschen, noch füllt sie den Menschen von außen, sondern sie ist Wandlung des menschlichen Seins: Sie drückt sich in der fortwährenden Entwicklung des Lebens aus, in den immer wiederkehrenden Beziehungen aus. Dazu meint Buber, dass Begegnungen in der Form einer 'Trias der Weltzeit' als Basisorientierung für die Menschen Gültigkeit haben. "... he (= Buber – CM) now speaks of Creation-Revelation-Redemption as a triad of world time (Weltzeit) and similarily interprets these three tenses not as unique event that took place once and only once, but as ever-recurring relations – as the basic orientation of man"[44]. Buber beschreibt, wie die Grundform menschlichen Verhalten in drei Phasen geschieht: Erhebung, Offenbarung und Erlösung. Da seine Haltung eine religiöse ist, beziehen

---

[41] Siehe Anmerkung 36, a.a.O., 122.

[42] Vgl. auch Anmerkung 29.

[43] Siehe Anmerkung 36, a. a. O., ebd.

[44] Horwitz, R.: Buber's Way to 'I and Thou', An Historical Analysis and the First Publication of Martin Buber's Lectures 'Religion als Gegenwart', Heidelberg 78, 235.

sich seine weiteren Ausführungen auf Gott und die Schöpfung. Zur Klärung der ersten Phase sagt er, dass es sich dabei um Gottes Schrei in die Leere handelt. Es gibt noch keinen Dialog zwischen Schöpfer und Schöpfung. Er beginnt erst, wenn die Nachricht im Leben, d. h. vom Menschen angenommen wird. "Silence still lies brooding before him, but soon things begin to rise and give answer – **their very coming into existence is answer**" (Hervorhebung CM)[45]. In der Offenbarung der Menschen, die in der Annahme Gottes und damit des Selbst des Menschen liegt, wird eine Ich-Du-Welt geschaffen. In der gegenwärtigen (Ver-)Antwort(-ung) findet der Mensch Erlösung. Lehnt der Mensch seine mögliche Authentizität ab, macht er sich schuldig an sich selbst und an seinem Gegenüber. Mit anderen Worten: Er steht nicht im Hier und Jetzt. "Wenn ich nicht wirklich da bin, bin ich schuldig. ... Das ursprüngliche Schuldigsein ist das Bei-sich-bleiben. Zieht aber eine Gestalt in Erscheinung des gegenwärtigen Seins an mir vorüber, und ich war nicht wirklich da, dann kommt aus der Ferne ihres Verschwinden ein zweiter Ruf, so leise und heimlich, als käme er aus mir selbst: 'Wo bist du gewesen?' Das ist der Ruf des Gewissens. Nicht mein Dasein ruft mich, sondern das Sein, das nicht ich ist, ruft mich. Antworten aber kann ich nun erst der nächsten Gestalt; die gesprochen hat, ist nicht mehr zu erreichen. (Diese nächste Gestalt kann selbstverständlich zuweilen derselbe Mensch sein, aber dann eben eine andere, spätere, veränderte Erscheinung von ihm)"[46].

Hier beziehe ich mich auf die von Horwitz in den 70er Jahren zum ersten Mal veröffentlichten Manuskripte, die Buber nicht in sein Hauptwerk 'Ich und Du' aufgenommen hat, jedoch als Vorläufer dafür betrachtet werden. In den Textstellen spiegelt sich der Kontakt-Zyklus aus der Gestalttheorie in der Zwiefalt des Menschen, im unbeeinflussbaren Ablauf von Ich-Du- und Ich-Es-Beziehungen wider. Denn das, was Buber mit Erhebung, Offenbarung und Erlösung meint, könnte auch so benannt werden: Erhebung beschreibt den Vorkontakt, Offenbarung die Kontaktnahme und -vollzug, das Ich-Du und Erlösung den Nachkontakt. Die Kontaktfolgen beziehen sich auf das Geben und Neben von Ich-Du und des abwesenden Ich-Du, das sich im Ich-Es zeigt. Die Offenbarung ist das Ich-Du, ist Gegenwart und kann

---

[45] Buber, M.: The Faith of Judaism, in: ders.: Israel and the World, New York 1965/48, 27.
[46] Buber, M.: Das Problem des Menschen, in: Werke I, a.a.O., 363f.

nicht Gegenstand werden. Die Graphik versucht, die bisherige Argumentation zu verdeutlichen:

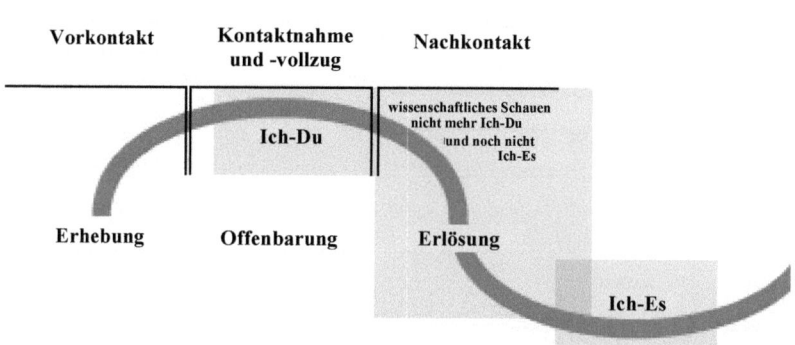

Aus dem Bild lässt sich erkennen, dass Ich-Du und Ich-Es nicht von einander getrennt werden können. Bubers Wissenschaftsverständnis wird hier noch einmal deutlich: Das Ich-Es als höchste Form der Erkenntnis liegt zwischen den Ich-Du-Haltungen und ist immer wieder Bedingung für Ich-Es. Inwiefern dieses Erkennen mit dem hermeneutischen Vorgehen vergleichbar ist, zeigt die folgende Definition von Erkenntnis: "Erkenntnis: Im Schauen eines Gegenüber erschließt sich dem Erkennenden das Wesen. Er wird, was er gegenwärtig geschaut hat, als Gegenstand fassen, mit Gegenständen vergleichen, in Gegenstandsreihen einordnen, gegenständlich beschreiben und zergliedern müssen; nur als Es kann es in den Bestand der Erkenntnis eingehen. Aber im Schauen war es kein Ding unter Dingen, kein Vorgang unter Vorgängen, sondern ausschließlich gegenwärtig und duhaft offenbar. Nicht in dem Gesetz, das danach aus der Erscheinung abgeleitet wurde, sondern in ihr selbst gab sich das Wesen kund"[47]. Die Wesensergründung bzw. -erkenntnis ist mit der "Wiedererkenntnis am Werk" in der Hermeneutik gleichzusetzen[48].

---

[47] Siehe Anmerkung 43, a.a.O., 265.
[48] Siehe Anmerkung 29, a.a.O., 120.

53

Wissenschaft und Wahrheit

Buber weist daraufhin, dass die eigentliche Wirklichkeit nicht durch Wissenschaft zu erkennen ist. Wissenschaft kann Wirklichkeit nicht wiedergeben, weil die Erfahrung der Wahrheit nicht die Wahrheit der Erfahrung ist. Das Ziel seiner Epistemologie liegt in der Entwicklung einer realistischen Sichtweise unserer Wissensentstehung. Die Frage nach der Wahrheit liegt jedoch nicht im Wissen, sondern im Leben. Wahrheit hat für Buber keine universale Gültigkeit. Sie zeigt sich jeweils exemplarisch und symbolisch im gegenwärtigen Leben.

Die menschliche ursprüngliche Wahrheit liegt in der menschlichen Beziehung. Dort zeigt sich der Mensch in seinem wahren Sein, in seiner jeweiligen Wahrheit. Dafür trägt der Mensch Verantwortung. Sie realisiert sich im wirklichen und authentischen Verhalten zu seinem Sein.

Ausblick für neue Figurationen

Bubers philosophische Aussagen zur Wahrheit und Wissenschaft unterliegen immer wieder der Kritik keine 'echte Philosophie' zu sein. Moore wirft ihm sogar eine Anti-Intellektualität vor. Für ihn zeigt Buber eine Wirklichkeit, die weder intellektuell noch philosophisch zu erfassen ist. "Buber can be understood only by those who live, or endeavor to live, fully in the present"[49]. Laut Moore fehlt es ihr an Klarheit und Genauigkeit. Das Problem beschreibt er folgendermaßen: "He is seeking to express in concepts what he realizes is by nature incomprehensible"[50].

Diese Kritik an Bubers Lehre ist mit der an Gestalttheorie und -praxis zu vergleichen. Sie besteht darin, dass Gestalt idealistisch bzw. unrealistisch wäre und politische Dimensionen fehlen. Buber sagt dazu, und die Aussage könnte auch für Gestaltleute sprechen: "I am a meliorist and not an idealist, and so I want only as much dialogue elements as can be realized in human life here and now"[51].

Schließlich unterscheidet Buber das theoretische und praktische Leben dadurch, dass das letztere durch die religiöse Weltanschauung gekennzeichnet ist. Sie ist ge-

---

[49] Moore, D.J.: Martin Buber. The Prophet of Religious Secularism. The Criticism of Institutional Religion in the Writings of Martin Buber, New York 1974, 223.

[50] A.a.O., ebd.

[51] Buber nach Moore, a.a.O., 223f.

heimnisvoll, rückhaltlos und gekennzeichnet durch das eigene Bekenntnis. Dies gilt auch für die Gestaltpraxis. Die philosophische Weltanschauung ist für Buber nicht religiös. Ihr Tun baut auf Widerspruch, zielt auf erkennbares Geheimnis und auf das Bekennen des eigenen Selbst. So schafft Buber mit seiner Epistemologie, "... die zur Unfruchtbarkeit erstarrten <u>Kategorien</u> zu sprengen", indem er wissenschaftsmethodische Grenzen überschreitet[52]. Dies ist Ausdruck seines gelebten hebräischen Humanismus, der gekennzeichnet ist durch "... uneingeschränkte(n) Liebe zum Menschen, die im Anderen den Mitmenschen sieht, den es anzunehmen gilt, wie er ist"[53]. Erst diese Begegnung ermöglicht diejenige mit dem ewigen Du.

Auch Buber wird für neue Gestaltfigurationen als theoretischer Hintergrund 'atypisch' bleiben und somit für dialogische (und nicht idealistische) Offenheit stehen. Damit erreicht er das, was er beabsichtigte: Er wollte keine 'richtige' Lehre vermitteln, sondern einen 'Weg' zur existentiellen Gestaltung zeigen: "Ich aber habe keine 'Lehre'. Ich habe nur die Funktion, auf solche Wirklichkeiten hinzuweisen. Wer eine Lehre von mir erwartet, die etwas anderes ist als eine Hinzeigung dieser Art, wird stets enttäuscht werden. Es will mir jedoch erscheinen, dass es in unserer Weltstunde überhaupt nicht darauf ankommt, feste Lehre zu besitzen, sondern darauf, ewige Wirklichkeit zu erkennen und aus ihrer Kraft gegenwärtiger Wirklichkeit standzuhalten. Es ist in dieser Wüstennacht kein Weg zu zeigen; es ist zu helfen, mit bereiter Seele zu beharren, bis der Morgen dämmert und ein Weg sichtbar wird, wo niemand ihn ahnte"[54].

---

[52] Schilpp, P.A./Friedman, M.: Vorwort zur deutschen Ausgabe, in: dies.(Hg.): Martin Buber, Stuttgart 1963, X.

[53] Zubke, F.: Universalität und Kontextualität, in: Licharz, W./Schmidt, H.(Hg.): Martin Buber: (1878-1965); internationales Symposium zum 20. Todestag, Bd. 2, Vom Erkennen zum Tun des Gerechten, Frankfurt/M. 1991/89, 8.

[54] Buber, M.: Zwischen Zeit und Ewigkeit. Gog und Magog. Eine Chronik, Heidelberg 1978/49, 407f.

Das Dialogische als das Zwischen in der Vielfalt der Anderheiten – eine dialogische Perspektive auf die Gender- und Frauenforschung[1]

Der Beitrag weist auf die Erkenntnischancen einer dialogischen Epistemologie, d. h. jenseits einer binären Betrachtungsweise, in der Genderforschung hin. Die Autorin verbindet Fragen der erziehungswissenschaftlichen Gender- und Frauenforschung mit dem pluralistischen Denken des jüdischen Dialogphilosophen Martin Bubers. Das "Zwischen" erweist sich dabei als eine spirituelle und lebenspraktische Dimension, die das dualistische Denken in eine echte ambivalente und somit realitätsgerechte Seinsform für die postmoderne Gegenwart wandeln kann. Vorläufiges Ergebnis ist der Wahrnehmungsprozess eines lebendigen Gender-Dialogs in der Vielfalt der Anderheiten.

Mit einer Warnung möchte ich beginnen:

Mit Worten allein kann das Dialogische nicht dargelegt werden. Deshalb ist das Folgende ein begrenztes Unterfangen und führt auch zu Missverständnissen. Das Dialogische in niedergeschriebenen Gedanken zu zeigen, ist deswegen schwierig, weil ein authentischer Dialog zwischen Menschen mit und jenseits von symbolischen Strukturen geschieht. Dieses Zwischen erschließt sich nur begrenzt mental, denn es ist eine Lebenspraxis und kann mit Worten nur fragmentarisch erfasst, wenn überhaupt analysiert und doch im Gespräch rückwärtig angeschaut werden. Die Rekonstruktion bleibt dabei brüchig. Der damit einher gehende Distanzierungsakt geschieht als monologischer, d. h. einseitiger Prozess. Dem gegenüber passiert das Dialogische durch gegenseitiges und einzigartiges "Innewerden des Gegenübers" (Buber 1992a, S. 150-153), das sich in der Vielfalt der Anderheiten wiederfindet. "Anderheit" bedeutet für Buber, das mein Gegenüber grundsätzlich einE AndereR ist und ich ihn/sie nur als "Dieser-Mensch-sein" bestätigen kann: "Erst wenn der Einzelne den Anderen, in all seiner Anderheit, als sich, als den Menschen erkennt und von da aus zum Anderen durchbricht, wird er, in einer

---

[1] Das Dialogische: Das Zwischen in der Vielfalt der Anderheiten - eine dialogische Perspektive auf die Gender- und Frauenforschung, in: IFF-Info, Zeitschrift des Interdisziplinären Frauenforschungs-Zentrum, 25, 2003, 43-52. Wiederabdruck mit freundlicher Genehmigung.

strengen und verwandelnden Begegnung, seine Einsamkeit durchbrochen haben" (ders. 1982, S. 162; vgl. ders. 1978, S. 30).

Nun kenne ich Sie, werte LeserInnen, nicht, wenn ich diesen Text schreibe. Gegenwärtig sind Sie meine Projektion. Ich versuche mich, laut Dialogphilosophie Martin Bubers in Sie "hineinzuschwingen" (1992b, S. 268). Aber wie ist das wirklich möglich? Zurzeit sind Sie ein Abstraktum und gleichzeitig viele "Anderheiten"[2]. Ist das Ich der Autorin möglicherweise nur mit sich selbst in Kontakt? Mit anderen Worten frage ich mich, wie Sie und ich uns als unendliche und endliche Differenz begegnen, in einen wirklichen Dialog hier auf dem Papier treten können, wenn nur dieser zeigt, was er ist?

Zudem habe ich keine Kontrolle über einen solchen Lebensvorgang. Wenn ein Ich-Du ein **Zwischen** zwischen meinem Text und Ihnen ist, wird es von Ihrer authentischen Hingabe abhängig sein. Nun sind Sie möglicher Weise schon **zwischen** meinen Gedanken? Ihr Ja ist meine Hoffnung für unser gegenseitiges Verstehen – unsere Begegnung?

Jetzt und hier kann ich meine dialogische Ernsthaftigkeit bekunden und die "sechs gespenstischen Scheingestalten" (Buber 1992b, S. 279) akzeptieren, die während der Textgewinnung von beiden Seiten entwickelt werden. Mit diesen Geistern sind unsere jeweiligen Fremd- und Selbstbilder[3] gemeint, die zu überwinden die Transformation vom Monolog zum Dialog bereitet. Sechs Scheingestalten sind zwischen zwei Personen, als da wären zwei Fremdbilder, zwei Selbstbilder und zwei projizierte Selbstbilder, welches das Bild ist, was ich glaube mein Gegenüber von mir hat. Je mehr Menschen an einer Kommunikation beteiligt sind, desto höher ist das Aufkommen der Scheingestalten. Mit mathematischen Worten bedeutet dies: Die Menge der Scheingestalten = 3X, wobei X die Anzahl der beteiligten Personen ist. Das mathematische Beispiel zeigt, welch ein Unterfangen der echte Dialog in der Vielfalt der Anderheiten ist.

---

[2] Die Überlegung, Bubers Begriff der Anderheit mit Rendtorffs (1999) Argumentationsbild der "différance" gleichzusetzen, ist durchaus möglich.

[3] Diesbezüglich ist der Begriff "Scheingestalt" von Buber dem Begriff der "Projektion" der Psychoanalyse ähnlich (vgl. Lacan (1991) in Rendtorff 1996, S. 104, Fußnote 3 und Rendtorff 1999, S. 171). Bubers Argumentation geht jedoch nicht davon aus, dass das Dialogische eine Positionierung im Selben ist (vgl. Rendtorff 1996, S. 107).

Das dialogische Prinzip

Eine erste skizzenhafte Darlegung der wesentlichen Prinzipien des Dialogischen ist an dieser Stelle notwendig:

1. Der Dialog ist ein gegenwärtiger und gegenseitiger Prozess **zwischen** gleichwertigen Anderheiten.
2. Durch das personenhafte Innewerden meines konkreten Gegenübers oder auch der vielen Anderheiten können einengende Zuschreibungen, d. h. die sechs Spukgestalten überschritten werden. Die Dialogphilosophie spricht diesbezüglich von zwei unterschiedlichen Ichs. Es gibt das Ich des Ich-Du, das Personenwesen und das Ich des Ich-Es, das Eigenwesen genannt wird. Im Ich-Du nimmt das Ich am Du der Anderen teil, d. h. eine wirkliche Begegnung geschieht. Im Ich-Es legt das Ich die Anderen fest und gibt ihnen eine fixierte Identität.
3. Die offene Haltung des Menschen muss eine echte sein. Jeder Schein zerstört den Dialog.
4. Das Dialogische ist unkontrollierbar. Mit Worten allein ist es weder mach- noch darstellbar.
5. Nur durch persönliche Hingabe kann sich die dialogische Wirklichkeit offenbaren.

Beim Wort 'offenbaren' könnten Sie nun zögern. Es klingt religiös. Diese Konnotation ist dem Dialogischen immanent: Gott, Göttin, das Göttliche, Buddha, eine höhere Macht, ein ewiges Du sind in jedem Dialog, den Buber meinte und ich hier beschreibe. Bewegen wir uns somit auf dem Boden einer feministischen Theologie, wenn hier versucht wird, Gender- und Frauenforschung, Dialogik und Feminismus miteinander zu verbinden?

Bubers Ansatz ist keine Theologie[4], sondern eine lebenspraktische Philosophie. Und damit bin ich (bzw. sind wir?) bei der eingangs formulierten Warnung: Dialogische Lebenspraxis ist eine postmoderne/mystische Lebenshaltung, die allein

---

[4] Leider werden seine Bücher immer wieder in Bibliotheken und Buchläden ausschließlich der Theologie und nicht auch der Philosophie zugeordnet. Eine Erklärung dafür ist der Bezug auf seine Übersetzung der jüdischen Bibel, des Alten Testaments in die deutsche Sprache.

durch Denken nicht zu begreifen ist. Trotz alledem möchte ich eine Darstellung wagen. Ich versuche,

1. Die Dialogphilosophie dem feministisch-spirituellen und feministischen Diskursen zu zuordnen und

2. zu zeigen, wie das Dialogische Denken sowohl theoretisch als auch praktisch eine Erkenntnishaltung anbietet, die dem Gestaltansatz als postmoderne Mystagogie (vgl. Frambach 1994; Sölle 1997) ähnelt und für die Gegenwart Frauen und Männern eine erziehungswissenschaftliche Begrifflichkeit anbietet, den Dialog zwischen Männern und Frauen, unter Männern und unter Frauen und unter den vielen Anderheiten wahrzunehmen und eine echte individualisierte Pluralität bzw. Transkulturalität (vgl. Krone 2002; Muth 1998; Welsch 1994) nicht nur aber auch in der pädagogischen Praxis zu leben.

3. Letztendlich möchte ich auf eine Wirklichkeit hinzeigen, die Kolk (2000, S. 24) mit "Begegnung mit dem Absoluten", Dorst (1999, S. 7) mit "Spiritualität im gewöhnlichen Leben" und Stein mit "Wecken der Individualität in der Bildungsarbeit als lebendigen Glauben" (2000, S. 39) und Buber als das "Zwischen" (1982, S. 164-167) beschreiben.

Zurück auf wissenschaftlichen Boden

Auch jenseits spiritueller Betrachtungsweisen ist das Zwischen als dritte Dimension zur Überwindung von dualistischem Denken, was insbesondere Keller (1986) und Harding (1991) für die feministische Forschung beanspruchen, im wissenschaftlichen Gegenwartsdiskurs wiederzufinden: De Lauretis spricht diesbezüglich von einem "soziosymbolischen oder perversen Begehren" (1996, S. 174), Aronson von einer "third social space" (1998, S. 517), Butler von der "Grenze des Menschlichen" (2001, S. 127) und Wulf von "Mimesis" (2001, S. 257ff.).

Das Dialogische und somit Dialogisches Denken feministisch und erziehungswissenschaftlich einer systematischen Re-Lektüre zu unterziehen, ist dabei ein relativ junger Diskurs (vgl. Emme 1996; Muth 1997 und 1998, S. 88-90 und S. 174-175; 1999, Prengel 1993; Thürmer-Rohr 1999). Infolgedessen ist das Folgende eine Grundlegung feministischer Dialogik, die sich ausschließlich auf die Sozialphilosophie Bubers bezieht. Die leitende Fragestellung für die erziehungswissenschaftliche Frauen- und Geschlechterforschung ergibt sich aus der gegenwärtigen Forschungspraxis: Welchen Beitrag kann das Dialogische Denken Bubers für eine "künftige produktive Weiterentwicklung der Geschlechtertheorie" (vgl. Rendtorff/Moser 1999) erziehungswissenschaftlich leisten?

Prämissen

Hierfür bedarf es der Klärung meiner theoretischen Prämissen. Das Dialogische Denken Bubers ist in sich unsystematisch. Eine reine Lehre hat Buber in seinen Schriften nie anvisiert. Doch insgesamt können diese Schriften als systemtheoretische Aussagen beschrieben werden, deren Erkennen ein hermeneutisch-phänomenologisches Vorgehen zugrunde liegt (vgl. Muth 1998, S. 17 und S. 31-34). Gleichzeitig ist sein pädagogisches Werk Ausdruck einer anthropologischen Reflexion über die am Bildungsprozess beteiligten Menschen, d. h. über die Begegnung zwischen Lehrenden und Lernenden. Diesbezüglich ist zu hinterfragen, ob die Dialogphilosophie eine latente Geschlechtertheorie in sich trägt und konstruktiv eine feministische Wissenschaftstheorie vorwärts bringen kann. Letztere Frage ist gleichzeitig meine leitende Hypothese: Das Dialogische Denken Bubers bietet ein Vokabular, das das binäre Denken einer Zweigeschlechtlichkeit "in Verwirrung bringt" (Butler 1991, S. 218) und gleichzeitig auf eine integrale Wirklichkeit hinweist, die sich einer ausschließlich kognitiven Erfassung entzieht. Vielmehr geht es um ein Begreifen von Differenzen und Dissonanzen[5], die dem poststrukturalistischen Denken (vgl. Rendtorff/Moser 1999; Rendtorff 1996) und integralem Denken (vgl. Fuhr 1999; Jäger 1999 und 2000; Ortmann 1998; Prengel 1993; Wilber 1998) verwandt ist.

Die Anthropologie dialogischen Denkens

Grundlegendes Motiv dialogischer Anthropologie ist das Doppelverhältnis des Menschen zum Leben. Buber unterscheidet diesbezüglich zwei Haltungen, die der

---

[5] Eine dialogisch-orientierte Person könnte mit Donigers Beschreibung einer androgynen Person gleichgesetzt werden. Sie vergleicht diese mit einem "roten Pik-As". Dialogische Lebenspraxis wäre danach eine Wirklichkeit, die mehr ist als ein rotes Pik-As symbolisieren kann (vgl. Doniger 1999, S. 101f.).

Mensch zur Welt und zu seinen Mitmenschen hat: Die Ich-Du-Haltung und Ich-Es-Haltung. Letztere Haltung bezeichnet ein Subjekt-Objekt-Verhältnis und erstere eine Subjekt-Subjekt-Beziehung. Die Ich-Du-Haltung findet nur in der Gegenwart statt und ist durch Gleichheit, Wechselseitigkeit und Umfassung gekennzeichnet. Umfassung meint das Innewerden des Gegenübers und die Akzeptanz der anderen Person als absolute "Anderheit". Die Ich-Es-Haltung bezeichnet den Distanzierungsvorgang zu den Menschen und der Welt. In dieser Haltung betrachtet und analysiert der Mensch seine Mitmenschen und die Welt wie ein Ding unter Dingen. Diesbezüglich kann der Mensch seine Mitmenschen auch gebrauchen und missbrauchen.

Die Ich-Du-Haltung zwischen den Menschen bereitet den Dialog. Die Ich-Es-Haltung meint den Monolog. Beide Haltungen sind existentiell notwendig. Zum Leben braucht der Mensch einerseits eine offene Haltung und andererseits eine Grenze zur Existenzsicherung. In der offenen Haltung zeigt der Mensch sein Personenwesen, in der begrenzten Identitätsfixierung sein Eigenwesen.

Die Ich-Es-Haltung ist die zur Distanzierung, d. h. für kognitive Erkenntnis benötigte Haltung. Der Mensch lernt, die in einer Gesellschaft herrschenden Kategorien, d. h. die herrschende Symbolik wahrzunehmen. Mit Bubers Worten: Der Mensch erkennt die Ordnung der Welt. Dafür braucht der Mensch die Sprache, der Buber drei Seinsweisen zuschreibt. Sie lauten: "Bestand, Besitz und Begebnis" (vgl. Buber 1962b). Bestand meint den individuellen Sprachschatz und das jeweilige Ausdrucksvermögen der Menschen. Besitz ist das Ergebnis systematischer Sammlung von Wissen, das immer wieder der aktuellen Interpretation bedarf. Begebnis ist das lebendige Sein in der Sprache, der echte Dialog, das "Sich-einander-Zuwenden von Menschen" (ebd.). Auf die Gender- und Frauenforschung übertragen, sehe ich mit Bubers Kategorien folgendes:

1. Die systematische Sammlung feministischen Forschungswissens ist in den letzten 30 Jahren eklatant und erfolgreich gewachsen. Die Genderforschung kann auf echten feministischen "Besitz" zurückgreifen.

2. In der feministischen und geschlechtertheoretischen Diskussion gibt es einen sprachlichen "Bestand", das binäre Denken zu erfassen, was sich in der immer wiederkehrenden Frage ausdrückt, ob das Weibliche und das Frau-Sein und damit ebenso das Männliche und das Mann-Sein essentiell oder eine

Denkkategorie ist. Da schon in der Frage ein Dualismus verborgen ist, liegt es nahe, darauf dualistisch zu antworten oder auch eine Lanze für das ausschließlich Weibliche zu brechen, was wiederum einen Dualismus hervorruft. Mit der Begrifflichkeit der "zwiefältigen Haltung" zur Welt, sieht der "Bestand" anders aus: Einerseits ist die Geschlechterdifferenz mit den zwei Kategorien Mann/Frau unhinterfragbar, somit ein Ich-Es: Ein Ich beschreibt, dass die Welt in zwei Welten eingeteilt ist, in eine Männer- und in eine Frauenwelt. Das bedeutet für die analytische Ebene, dass das Ich des denkenden Menschen mit einem Objekt verbunden wird. Dabei ist es gleichgültig, ob der Begriff für das Objekt nun Mann oder Frau lautet, denn all diese Begriffe drücken ein Subjekt-Objekt-Verhältnis und somit den sprachlichen "Bestand" aus (vgl. Butler 2001, S. 40f.).[6] Eine wirkliche Überwindung, d. h. das wahrhaftige Sehen des jeweiligen Menschen passiert jedoch noch nicht.

3. Erst im "Begebnis", im Zwischen begegnet mir mein Gegenüber, das mehr ist als meine sprachlichen Kategorien. Um diese Wirklichkeit und ein Gewahrsein für die Sphäre zwischen Ich und Du geht es in der Dialogphilosophie. Diesbezüglich ist auch ein dialogisches Begehren in der Frauen- und Genderforschung zu entdecken: Heinrichs (2001) argumentiert mit dem Begriff "In-Differenz-Werden". Schmuckli (1996) kritisiert beispielsweise "den ver-ein-heitlichenden Blick, der andere von sich selbst entfremdet": "Wirkliches Interesse den Anderen gegenüber – ein aufmerksames Dazwischen-Sein – bedingt, daß frau die Bereitschaft auf sich nimmt, sich von Selbstfremdheiten verwirren und verführen zu lassen, und eine partielle Identitätsauflösung eingeht. Frau muß also bereit sein, sich auf ein soziales Sterben einzulassen" (ebd., S. 294). Ein weiterer Anknüpfungspunkt ist Schmucklis Beschreibung, wenn sie sich bezüglich der Sprache fragt, "wer spricht und wer schreibt?". Sie stellt einen "Zwischenraum"[7] (ebd., S. 200) fest, in dem frau sich bewegt und gleichzeitig Dissonanzen ertragen muss. Demgegenüber würde der Dia-

---

[6] Auch die provokanten Thesen Haraways (1995) erwirken keine Befreiung aus den fixierenden Begriffen. Haraways Vielfalt neuer Begriffe wird über das Ich-Es nicht hinausgehen.

[7] Es scheint kein Zufall zu sein, dass sich sowohl feministisches als auch jüdisches Denken auf das Phänomen des Zwischen beziehen, haben doch deren VertreterInnen als 'Minderheiten' begriffliche Diskriminierungen erfahren müssen, einen (denkerischen) Freiraum suchen und im Zwischen finden (vgl. Muth 1998, S.176).

logische Denkansatz argumentieren, dass die Ich-Du-Haltung die menschliche Haltung ist, das wirkliche, d. h. ambivalente Leben zu sein. Im Zwischenraum findet dementsprechend echte Begegnung jenseits dualistischen Handelns statt.

Dialogisches Denken in der Frauen- und Geschlechterforschung

Die eindringlichste Zusammenführung dialogischen Denkens feministischen Bestandes und Besitzes ist bislang Thürmer-Rohr (1999) gelungen, die den argumentativen Ich-Es-Spaltungsraum des Feminismus verlässt und sich letztendlich auf die Menschenrechte bezieht und damit Männer in ihr Denken einbezieht.

Im Übrigen gelingt dies auch Ortmann (1998). Sie bezieht sich jedoch nicht vordringlich auf Buber, sondern auf das integrale Denken Gebsers und überwindet damit das binäre Denken im feministischen Diskurs.

Thürmer-Rohr (1999) zeigt einerseits die monologische Kommunikation an deutschen Universitäten und andererseits, welche Bedeutung das dialogische Prinzip Bubers für die Gegenwart hat. Ihr Denken schildert dies wie folgt: "Dialoge sind umwegig. Sie brauchen Zeit. Sie halten auf. Ihr Ausgang ist offen. Die Wege sind nicht planbar, die Einsichten, Faszinationen und Enttäuschungen unerwartet. Im Dialog bewegen Menschen sich wie Fremde. Niemand weiß genau, was geschehen wird. Der Dialog hält nicht Kurs, er wird nicht durch Ziele stimuliert und nicht durch Resultate dirigiert. Er zeigt den einzelnen ihre Grenzen. Er braucht und stiftet Verwirrung. Er begibt sich in Gefahrenzonen. Er vervielfältigt das Feld der Fragen. Er löst die Gesten der Belehrung und Bekehrung ab und wird zum Wagnis für Herrschaft jeder Art" (ebd., S. 61). Die Autorin zeigt, dass die sogenannten Dialogwissenschaften weniger Lösungswege als vielmehr Verstehenswege schildern, die nicht ausschließlich als objektives Wissen lehrbar sind. Trotzdem lässt sich ihrerseits in der Gesellschaft ein Bedürfnis nach dem Dialog feststellen, insbesondere dort, wo moderne Machtansprüche nicht mehr akzeptiert werden. Zudem sichert der echte Dialog Freiheit und das Verschiedenseinlassen im Gegensatz zum ausschließenden Denken in einer eindeutigen kategorialen Ordnung, die zu suchen, auch die feministische Forschung Gefahr läuft.

Schließlich warnt Thürmer-Rohr, den echten Dialog miss zu verstehen. Es geht nicht um Empathie und "urteilslose Toleranz", sondern um die Lust auf Chaos, Begeisterung und Zündstoff.

In der Dialogphilosophie wird diesbezüglich von der "Rückhaltlosigkeit" (Buber 1992a, S. 143) gesprochen, was nicht bedeutet, alles zu sagen, was man/frau/mensch denkt, sondern dass die Sprechenden ihr existentielles Sein mit einbringen und dennoch ihre Intimität bewahren.

Thürmer-Rohr (1999) muss schließlich auf die "religiös-metaphysische Sinngebung" als ethischen Inhalt dialogischen Denkens eingehen, denn ohne diese Dimension[8] kann die Dialogphilosophie Bubers nur unvollständig wiedergegeben werden: "Das spirituelle Fundament des Dialogischen ist in diesem Denken die Beziehung zum absolut Anderen des Menschen: Gott, Metapher des Nichtabbildbaren, Unbekannten und Nichterkennbaren, das als solches zum Gegenüber menschlicher Dialogsuche wird. Das Dialogische ist bei Buber eine Existenzweise, die einer Art Epiphanie bedarf – nicht um sich mit Gott, sondern mit der Welt zu befassen. Die Dialogerfahrung zwischen ich und absolutem Du = Gott wird zur Inspiration für den Dialog zwischen den Menschen, und in jedem menschlichen Gegenüber bleibt das Andere, die Koexistenz des Ich mit einem absoluten Du anwesend, das nicht bezeichnet und nach dem nicht gefragt werden kann, zu dem Menschen aber in Beziehung treten können und das einerseits mit Menschen in Beziehung tritt" (ebd., S. 69).

Der Dialog als ethische Haltung gibt Denkraum, zu verstehen, dass die Anderheit grundsätzlich nicht kategorisierbar ist und somit lassen sich die Frau, die Frauen, der Mann, die Männer nicht erfassen. Und obwohl Thürmer-Rohr (1999) die spirituelle Seite des dialogischen Prinzips als untrennbar von ihm anerkennt, stellt sie heraus, dass säkularisierte Menschen dieses Prinzip eher als politisches akzeptieren. Nur als politisches Prinzip kann der Dialog dann offen und von jedem Selbst definiert werden, damit das geschehen mag, was der Dialog zeigt: "Der Dialog bleibt ebenso wie die Vielfalt der verschiedenen Menschen zweckfrei, er ist zu nichts gut – außer daß diese Verschiedenen sich in der Welt und unter Menschen zu Hause fühlen sollen" (ebd., S. 71).

---

[8] Diese spirituelle Dimension ist wiederum eine andere von der Schäfer (2001) spricht, wenn sie die spirituelle Seite des Feminismus kritisiert (vgl. auch Streit 2001).

Insbesondere wird hier der Bezug zur Dialogphilosophie deutlich. Buber (1962a) spricht im "Problem des Menschen" von der Hauslosigkeit des Menschen. Dieser hat seine Behausung, auch die metaphysische verloren. Was bleibt, ist der Dialog. Aus diesem Grund kann die Frauen- und Genderforschung wenig wirklich zur Lösung des dualistischen Dilemmas zwischen den Geschlechtern beitragen. Nur die konkrete Anerkennung der Einzigartigkeit eines jeden Menschen wird der Würde des Menschen gerecht. Thürmer-Rohr zeigt dies deutlich durch ihre Art und Form sprachlicher Performanz. Sie verzichtet, die Subjekte 'Frau', 'Mann' in immer differenzierenden Begrifflichkeiten festzuschreiben. Sie weiß um die Grenzen der illusionären Kategorien – auch um die in der Erziehungswissenschaft.

Ähnlich argumentiert Ortmann (1998). Sie geht in Anlehnung an Gebser von einer grundsätzlichen, aber nicht unhinterfragbaren Geschlechterdifferenz aus. Historisch haben beide Geschlechter unterschiedliche Wege hinter sich gebracht. Die Postmoderne bringt jedoch die Freiheit, die Geschlechterhistorie anzuerkennen **und** gleichzeitig neue Wege jenseits mentaler Zuschreibung zu gehen. Dafür ist es notwendig, eine nichtdualistische Sichtweise zu entwickeln. Ortmann kritisiert die perspektivische Fixierung der Geschlechterbeziehung und formuliert eine neue Bewusstseinsform, die den Geschlechterdualismus überwindet. Sie weist auf die "männer-herrschenden" Diskussionsformen hin. Diese Form männlicher Dominanz zeigt sich in der mentalen Rechts- und Gerechtigkeitsordnung. Alles, was in diese kategorische Ordnung nicht passt, wird entweder passend gemacht oder ausgeschlossen. Erst eine Befreiung aus dieser Ordnung und somit aus rechts-ordnendem Bewusstsein kann auch Veränderung beim Denken und Handeln bewirken. Frauen wie Männer können sich von dem ausschließenden dualistischen Denken befreien, wenn sie ihre historisch-bedingten "Irrwege" begreifen: "Wohl aber wird der Mann auf manche Anmaßung verzichten müssen, damit eine Welt entstehen kann, die weder mutter- noch vaterbetont und auch keine bloß vermännlichte Welt ist, sondern die in Frau und Mann den Menschen ehrt und nicht nur menschlich, sondern menschheitlich denkt" (Gebser 1986, S. 224 nach Ortmann 1998, S. 9).

Für die Frauen geht es ihrer Meinung darum, sich jenseits des Drucks der Ordnungssucht des Mentalen einen Entwicklungsraum zu schaffen, der sie nicht zu einer bloßen Reproduktion des Mentalen verführt. Ein neuer Weg liegt in der Hingabe zur "Wahrheit des anderen, des anderen Menschen und des anderen Geschlechts" (Ortmann 1998, S. 12). Dies geschieht jedoch ausschließlich in der Gegenwart. An diesem Punkt ihres Denkens bezieht sich Ortmann auf Bubers Dialogphilosophie, weil letztere zeigt, wie im Angesicht der Gegenwart gelebt werden kann: In der Beziehungskraft des Ich-Du. Ortmann überträgt diese Kraft auf ein "integrales Denken der Geschlechterforschung" folgendermaßen: "Doch haben wir die Möglichkeit der kleinen Schritte und des sanften Beginns. Wir können auch sagen, daß jeder, auch der bescheidenste Versuch, diese Ich-Du-Beziehung zu einem Menschen des eigenen und des anderen Geschlechts zu realisieren, das Geschlechterverhältnis verändert, ja auf eine sanfte Art revolutioniert. Und jede Begegnung, in der ein Ich sich der Tatsache bewußt ist, daß es zugleich ein Du hervorbringt, ist wahrgebend. In einer solchen Begegnung kann ich mich in meiner Wahrheit annehmen und den anderen wahrgeben. Es entsteht eine 'Welt ohne Gegenüber' wie Gebser sagt. Das heißt, daß das Gegenüber zum Partner = Teilhaber geworden ist. Das betrifft zentral das – neue, bzw. neu möglich werdende – Geschlechterverhältnis" (ebd., S. 13).

Sowohl im Denken Thürmer-Rohrs als auch Ortmanns werden zwei Erkenntniswege der Frauen- und Geschlechterforschung gespiegelt. Beide setzen auf den Dialog mit dem nicht vorherbestimmbaren Du jenseits rechthabender und unbeweglicher Geschlechterkategorien. Schließlich stellt sich die Frage, ob solche einmaligen Erkenntnisprozesse nachvollziehbar und somit vermittelbar sind?

Wie gelangen Menschen zum dialogischen Denken der vielen Anderheiten?

Wie lässt sich die Wirklichkeit der Personenwesen, des Ich-Du, des Zwischen und die Sphäre der Eigenwesen, des Ich-Es methodisch erfassen und untersuchen? Wie ist es möglich, den Gender-Dialog, das Begreifen der vielen Anderheiten wissenschaftlich zu erfassen? Als Erkenntnisweg für die Gender-Forschung postuliert Von Braun den Weg des beobachtenden Auges, das sich außerhalb der Gesetze von Gemeinschaft stellt. Zudem empfiehlt sie neben dem ethnologischen Blick die "'historische' Methode" (Von Braun 2000, S. 53). Diese soll einen "direkten Zugang" zur Entzifferung der "'verdrängten' Teile der kollektiven Erinnerung" geben können (ebd.). Dem gegenüber schlage ich methodisch den existentiellen Gender-Dialog vor. Ich lehne mich einerseits dabei an die Erkenntnis dialogischer Hermeneutik (vgl. Bruckstein 2001; Muth 1998) und andererseits an den Kontaktzyklus des Gestaltansatzes (vgl. Gremmler-Fuhr 1999; Mehrgardt 1999) an. Der Gender-Dialog kann eine Wirklichkeit zeigen, dass Männer und Frauen jenseits ihrer Eigenwesen, d. h. ihrer Geschlechterbilder mehr sind als diese Bezeichnungen. Im Gender-Dialog offenbaren sich demnach die jeweiligen Personenwesen. In diesen Offenbarungsmöglichkeiten finden die vielen Anderheiten ihren unendlichen Raum. Bestimmbar und damit begrenzt darstellbar werden sie erst im Nachschauen, Daraufschauen des innerlich und äußerlich Erlebten. Das folgende Schaubild versucht, diesen Erkenntnisprozess zu verdeutlichen:

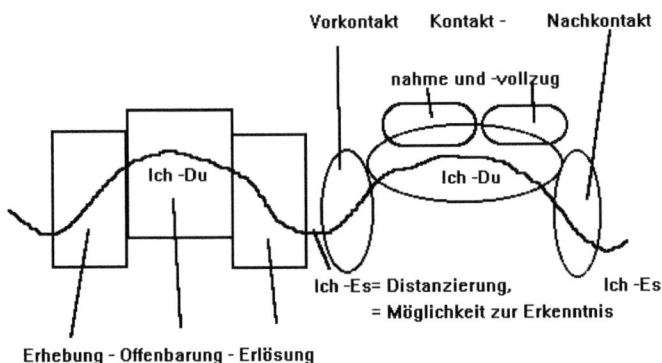

Abb. 1: Der Kontakt im Dialog

Der humanistische Erkenntnisweg nach dem Gestaltansatz erfolgt in drei Schritten, wobei der zweite noch einmal unterteilt ist. Der erste Schritt ist der Vorkontakt, d. h. konkret, dass eine Frau, ein Mann, ein Mensch im Gewahrsein seiner/ihrer Kategorien Kontakt zum Gegenüber aufnimmt. Wird dieser erwidert, haben beide Seiten die Chance, sich wirklich jenseits der Kategorien wahrzunehmen, d. h. das echte Sein, das Ich-Du geschieht. Im Gestaltkontaktzyklus bezeichnet das Ich-Du Kontaktnahme und Kontaktvollzug. Abhängig davon, wie lange beide oder mehrere Seiten offen sind, ein kontrollfreies Sein miteinander zu teilen, beginnt der Nachkontakt. Die Menschen befinden sich wieder im Ich-Es und gelangen zu ihren Kategorien zurück, diesmal jedoch um ein Gewahrsein reicher: Ihr Gegenüber ist mehr als das Geschlechterbild, das sie von ihr/ihm haben. Auch die Geschlechterordnung ist für den Ich-Du-Prozess außer Kraft gesetzt.

Betrachten wir das Bild noch einmal, erkennen Sie die Begriffe Erhebung, Offenbarung und Erlösung. Diese Begriffe sind aus der Dialogphilosophie Bubers. Im Prozess der Erlösung findet das wissenschaftliche Schauen statt. Im Vergleich zum Ansatz von Von Braun wird deutlich, dass auch die WissenschaftlerInnen Teil des Geschehens sind, jedoch jenseits ihrer Kategorien Gender, WissenschaftlerIn etc. Diesbezüglich bezieht sich der Gender-Dialog originär auf Buber und zeigt, dass auch die Wissenschaft hoffnungslos in den Erkenntnisprozess eingewoben ist und nicht jenseits einer gender-freien Objektivität existiert. Wissenschaft muss sich demnach als "Partner(In – CM) der Wirklichkeit" (Buber 1953, S. 121), d. h. als Teil der gesellschaftlichen Geschlechter-Krise verstehen und an der Veränderung gesellschaftlichen Denkens durch eigenes veränderndes Denken mitwirken. Dieses Denken ist ein geistreiches Denken. Geist definiert Buber als eine Kontaktfläche zwischen einem Ich und einem Du, das keine welthafte Erscheinung hat. Es ist die Haltung des Ich zur Nicht-Welt. Ohne dieses dialogische Sein ist eine echte Verantwortung für die Welt unmöglich. Sie entsteht für Buber in der Seele, die die Kontaktfläche des Menschen zur Welt ist (vgl. Buber 1993a, S. 134ff.; Muth 1998, S. 77). Mit anderen Worten: Will Pädagogik herrschende Geschlechterverhältnisse in der Welt verändern, müssen PädagogInnen ihre Begegnungskompetenz wahrnehmen und in der Welt ausdrücken.

Der Gender-Dialog – eine feministische Utopie dialogischer Erkenntnisprozesse?

Methodisch versucht der Gender-Dialog das zu erreichen, was Schilpp und Friedman (1963) zur Epistemologie der Dialogphilosophie feststellen. Ihrer Meinung nach schafft Buber, "(...) die zur Unfruchtbarkeit *erstarrten* Kategorien zu sprengen" (S. 10 - Hervorhebung im Original). Ein dialogischer Erkenntnisweg zeigt, dass ein Beharren auf den dualistischen Begriffen der Geschlechterproblematik die Lebens-Wirklichkeit nicht vorwärtsbringt. Dennoch will der Gender-Dialog darauf nicht ganz verzichten, weil es ohne das Benennen der vielen Ich-Es, ohne die echte begriffliche Distanzierung das Überwinden der Kategorien auch nicht möglich ist. Der Gender-Dialog braucht "authentische soziale Gedanken" (Buber 1953, S. 121). Die Aufgabe der erkennenden Eigenwesen von ErziehungswissenschaftlerInnen beschreibt die Dialogphilosophie entsprechend: "Philosophische Erkenntnis des

Menschen ist ihrem Wesen nach eine Selbstbesinnung des Menschen, und der Mensch kann sich auf sich selbst eben nur so besinnen, daß sich zunächst die erkennende Person, der Philosoph also, der Anthropologie treibt, auf sich selber als Person besinnt. (...) Die *Ganzheit* der Person und durch sie die Ganzheit des *Menschen* erkennen kann er erst dann, wenn er seine *Subjektivität* nicht draußen läßt und nicht unberührter Betrachter bleibt." (Buber 1982, S. 19f. – Hervorhebungen im Original). Die Selbstanschauungsweise des Gender-Dialogs erfordert, die eigenen diskriminierenden Haltungen gegenüber dem Geschlechterverhältnis anzuerkennen und in den Erkenntnisprozess einzuweben, ohne in einem "Selbstbegnügen, im Sich-befassen mit sich selbst" (Buber 1993b, S. 118) haften zubleiben.[9]

Ein zweites Schaubild soll den Begegnungsaspekt, das Ich-Du des 'methodischen' Gender-Dialog-Weges verdeutlichen:

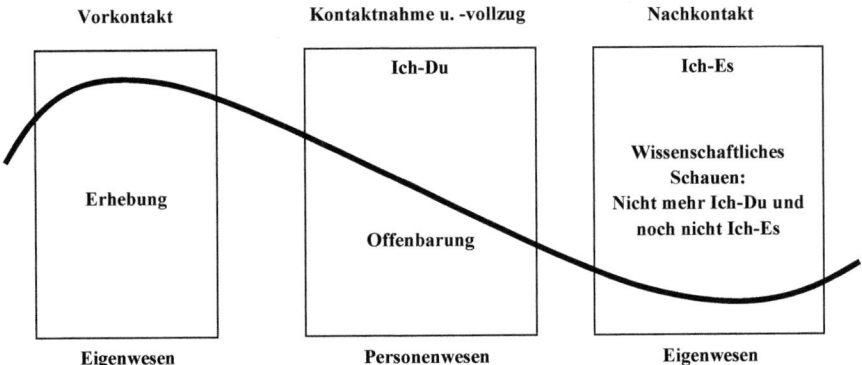

Abb. 2: Dialogischer Erkenntnisweg

Ein Ich-Du, ein Sein jenseits von Geschlechterbildern und vom Geschlechterverhältnis ist das "Offenbaren der reinen Gestalt der Begegnung" (Buber 1993b). Diese kommt weder vom Innern des Menschen, noch füllt sie den Menschen von Außen, sondern sie ist Wandlung des menschlichen Seins. Sie drückt sich in der fortwährenden Entwicklung des Lebens, in den immer wiederkehrenden Beziehungen aus. Wandlung geschieht laut Buber in Form einer "Trias der Weltzeit", die Hor-

---

[9] Diesbezüglich stimme ich Walter (2000) zu, dass die Geschlechterforschung in ihrer Argumentation bislang eine Frauenforschung geblieben ist und das Problem der Geschlechterverhältnisse kaum aus der 'männlichen' Perspektive diskutiert wird.

witz (1978) so versteht: "(...) he (= Buber – CM) now speaks of Creation-Revelation-Redemption as a triad of world time (Weltzeit), and similarily interprets these three tenses not as unique event that took place once and only once, but as ever-recurring relations – as the basic orientation of man" (ebd., S. 235). Buber meint damit, wie schon erläutert, dass die Grundform menschlichen Erkennens und damit Ganz-Seins in drei Phasen geschieht: Zuerst Erhebung, dann Offenbarung und zuletzt Erlösung. Da Bubers Haltung eine religiöse ist, sind seine Aussagen wiederum auf Gott und die Schöpfung bezogen. Zur Klärung der ersten Phase sagt er, dass es sich dabei um Gottes Schrei in die Leere handelt. Es gibt noch keinen Dialog zwischen Schöpfer und Schöpfung. Der Dialog beginnt erst, wenn die Nachricht im Leben, d. h. vom Menschen angenommen wird. "Silence still lies brooding before him (= the human being – CM), but soon things begin to rise and give answer – their very coming into existence is answer." (Buber 1965, S. 27).

In der Offenbarung der Menschen, die in der Akzeptanz Gottes und damit des Selbst des Menschen liegt, wird eine Ich-Du-Welt geschaffen. In der gegenwärtigen (Ver-)Antwort(ung) findet der Mensch Erlösung. Lehnt der Mensch seine mögliche Authentizität ab, macht er sich schuldig an sich selbst und an seinem Gegenüber. Mit anderen Worten: Er steht nicht im Hier und Jetzt: "Wenn ich nicht wirklich da bin, bin ich schuldig. (...) Das ursprüngliche Schuldigsein ist das Bei-sich-bleiben. Zieht aber eine Gestalt in Erscheinung des gegenwärtigen Seins an mir vorüber, und ich war nicht wirklich da, dann kommt aus der Ferne ihres Verschwinden ein zweiter Ruf, so leise und heimlich, als käme er aus mir selbst: 'Wo bist du?' *Das* ist der Ruf des Gewissens. Nicht mein Dasein ruft mich, sondern das Sein, das nicht ich ist, ruft mich. Antworten aber kann ich nun erst der *nächsten* Gestalt; die gesprochen hat, ist nicht mehr zu erreichen. (Diese nächste Gestalt kann selbstverständlich zuweilen derselbe Mensch sein, aber dann eben eine andere, spätere, veränderte Erscheinung von ihm" (Buber 1962a, S. 363f. – Hervorhebungen im Original).

Mit diesem spirituellen Vorgehen verabschiedet sich der Gender-Dialog jedoch nicht von der Wissenschaft. Im Gegenteil, er erweitert diese bzw. holt das zurück, was in ihr verloren gegangen ist (vgl. Faulhaber 1996; Wilber 1998): Das Gewahrsein für das Transzendente als eine Wirklichkeit, die ich anfangs beschrieb und die andere AutorInnen Mimesis, das Dritte etc. nennen. Demnach bleibt auch spirituelle Erkenntnis das, was eine wissenschaftliche ist: "Erkenntnis: Im Schauen eines Gegenüber erschließt sich dem Erkennenden das Wesen. Er wird, was er gegenwärtig geschaut hat, als Gegenstand fassen, mit Gegenständen vergleichen, in Gegenstandsreihen einordnen, gegenständlich beschreiben und zergliedern müssen; nur als Es kann es in den Bestand der Erkenntnis eingehen. Aber im Schauen war es kein Ding unter Dingen, kein Vorgang unter Vorgängen, sondern ausschließlich gegenwärtig und duhaft offenbar. Nicht in dem Gesetz, das danach aus der Erscheinung abgeleitet wurde, sondern in ihr selbst gab sich das Wesen kund" (Buber in Horwitz 1978, S. 265). Diesem Erkenntnisweg geht somit etwas voraus: ErziehungswissenschaftlerInnen sind sich gewahr, dass die Erfahrung der Wahrheit nicht die Wahrheit der Erfahrung ist. Deren Wirklichkeit findet in der wahrhaftigen Haltung zum Sein, im Ich-Du statt.

Lebendiges Erkennen

Die Gender-Dialog-Epistemologie geht davon aus, dass nur eine lebendige Dialogpraxis zwischen den Anderheiten eine bewegende Erkenntnistheorie produziert und umgekehrt. Authentische Gender-Gedanken können auf die Gesellschaft wirken und zeigen, wo die vielen Anderheiten verkannt werden (vgl. Muth 2003). Doch wie ist diese Erkenntnis möglich? Zuerst einmal ist es wichtig, die Dualität, das zweifache Sein als Eigen- und Personenwesen des Menschen wahrzunehmen. Es gilt ein Gewahrsein zu entwickeln, dass Menschen mehr sind als das realpolitische Geschlechterverhältnis und Geschlechterbilder beschreiben können. Das menschliche Doppelverhältnis schafft eine Freiheit, den vielen Anderheiten jenseits von diskriminierenden Kategorien zu begegnen. Ich-Du geschieht als das wahrhafte Gegenüber: Das einzigartige Individuum lebt im Angesicht der vielen anderen einmaligen Individuen. Dies bedeutet wiederum nicht, dass der Gender-Dialog die detaillierte Analyse vernachlässigt. Auch der Dialog kann ohne eine wahrheitsgerechte Analyse keine echte gewandelte Sichtweise erzeugen. Begegnung ist ohne "Urdistanz" unmöglich (Buber 1978, S. 45). Die Ich-Es-Haltung als epistemologische Haltung ist demnach weder eine ausschließlich reflektierende noch eine zuschauende. Sie ist eine "in der Sphäre der eigenen Körperlichkeit" geschehende Wahrnehmungsweise (ebd., S. 46). Das distanzierte Sein ist jedoch Vorbedingung, um in den Dialog zu treten. Der Mensch muss seiner Welt abrücken, er/sie muss sich von den eigenen und fremden geschlechterbezogenen Bedürfnissen und Problemen in einer Weise entziehen, ohne sich von der Welt ins Innere, ins Irreale zu entfernen. Die wahrnehmende Person weiß darum, dass sie das wirkliche Erkennen der vielen Anderheiten erst realisiert, wenn sie diese im Prozess der "Selbstwerdung-mit-mir" anerkennt und bestätigt: "Denn das innerste Wachstum des Selbst vollzieht sich nicht, wie man heute gern meint, aus dem Verhältnis des Menschen zu sich selber, sondern aus dem zwischen dem Einen und dem Andern, unter Menschen also vornehmlich aus der Gegenseitigkeit der Vergegenwärtigung – aus dem Vergegenwärtigen anderen Selbst und dem sich in seinem Selbst vom anderen Vergegenwärtigtwissen – in einem mit der Gegenseitigkeit der Akzeptation, der Bejahung und Bestätigung" (Buber 1978, S. 36). Erst wenn ich als Erziehungswissenschaftlerin den vielen Anderheiten personenhaft begegnet bin, ist es mir möglich, sie anerkennend zu denken (vgl. Kron/Muth 2000). Somit ist die Erziehungswissenschaft ein Spiegel ihres eigenen **zwischen**-menschlichen Begegnungsreichtums.

Literatur

Aronson, Jane: Lesbians Giving and Receiving Care: Stretching Conceptualisation of Caring and Community, in: Women's Studies International Forum, Nr. 5, 1998, S. 505-519.

Braun, Christina von/Stephan, Inge (Hgg.): Gender Studies: Eine Einführung, Stuttgart 2000.

Braun, Christina von: Gender, Geschlecht und Geschichte, in: Dies./Stephan 2000, S. 16-57.

Buber, Martin: Die Forderung des Geistes und die geschichtliche Wirklichkeit, in: Ders.: Hinweise, Zürich 1953, S. 121-141.

Buber, Martin: Werke I, München/Heidelberg 1962a/b.[10]

Buber, Martin: Das Problem des Menschen, in: Ders. 1962a, S. 307-407.

Buber, Martin: Das Wort, das gesprochen wird, in: Ders. 1962b, S. 442-453.

Buber, Martin: Israel and the World, New York 1965.

---

[10] Für die interessierten LeserInnen sei angemerkt, dass das Gütersloher Verlagshaus eine aus 21 Bänden bestehende Martin Buber Werkausgabe (MBW) geplant hat. Der erste Band "Frühe kulturkritische und philosophische Schriften 1891-1924" ist 2001 erschienen.

Buber, Martin: Urdistanz und Beziehung, Heidelberg 1978.

Buber, Martin: Das Problem des Menschen, Heidelberg 1982.

Buber, Martin: Das dialogische Prinzip, Gerlingen 1992a/b.

Buber, Martin: Elemente des Zwischenmenschlichen, in: Ders. 1992a, S. 269-298.

Buber, Martin: Zwiesprache, in: Ders. 1992b, S. 137-196.

Buber, Martin: Nachlese, Gerlingen 1993a/b.

Buber, Martin: Von der Verseelung der Welt, in: Ders.: 1993a, S. 134-143.

Buber, Martin: Philosophische und religiöse Weltanschauung, in: Ders. 1993b, S. 117-123.

Buber, Martin: Der Weg des Menschen nach der chassidischen Lehre, Gütersloh 2001.

Butler, Judith: Das Unbehagen der Geschlechter, Frankfurt/M 1991.

Butler, Judith: Antigones Verlangen: Verwandtschaft zwischen Leben und Tod, Frankfurt/M 2001.

Butler, Judith: Jenseits fixierter Identität, in: Siegessäule, Nr. 6, 2001, S. 40-41.

Bruckstein, Almut Sh.: Die Maske des Moses. Studien zur jüdischen Hermeneutik, Berlin 2001.

Dorst, Brigitte: Über Lernen und Lehren in spirituellen Gruppen. Ein Reisebericht von unterwegs, in: Schlangenbrut, Nr. 67, 1999, S. 5-8.

Doninger, Wendy: Der Mann, der mit seiner Frau Ehebruch beging, Frankfurt 1999.

Emme, Martina: "Der Versuch, den Feind zu verstehen": Ein pädagogischer Beitrag zur moralisch-politischen Dimension von Empathie und Dialog, Frankfurt/M 1996.

Faulhaber, Theo: Die Wiederkehr des Spirituellen. Esoterik als Hoffnung, Wien 1996.

Fuhr, Reinhard/Sreckovic, Milan/Gremmler-Fuhr, Martina: Handbuch der Gestalt-therapie, Göttingen 1999.

Fuhr, Reinhard: Ansätze einer Entwicklungstheorie für die Gestalttherapie, in: Ders./Sreckovic, Milan/Gremmler-Fuhr 1999, S. 575-598.

Frambach, Ludwig: Identität und Befreiung in Gestalttherapie, Zen und christliche Spiritualität, Petersberg 1994.

Gebser, Jean: Ursprung und Gegenwart, Stuttgart 1986.

Gremmler-Fuhr, Martina: Grundkonzepte und Modelle in der Gestalttherapie. In: Fuhr, Reinhard/Sreckovic, Milan/Dies. 1999, S. 345-392.

Harding, Sandra: Feministische Wissenschaftstheorie. Zum Verhältnis von Wissenschaft und sozialem Geschlecht, Hamburg 1991.

Haraday, Donna: Die Neuerfindung der Natur: Primaten, Cyborgs und Frauen, Frankfurt/M 1995.

Heinrichs, Gesa: Bildung – Identität – Geschlecht, Königstein/Ts. 2001.

Horwitz, Rivka: Buber's Way to 'I and Thou'. An Historical Analysis and the First Publication of Martin Buber's Lectures 'Religion als Gegenwart', Heidelberg 1978.

Jäger, Willigis: Suche nach dem Sinn des Lebens. Bewußtseinswandel durch den Weg nach innen. Vorträge, Ansprachen und Erfahrungsberichte, Petersberg 1999.

Jäger, Willigis: Die Welle ist das Meer. Mystische Spiritualität, Freiburg/Br. 2000.

Keller, Evelyn Fox: Liebe, Macht und Erkenntnis. Männliche und weibliche Wissenschaft, München 1986.

Kolk, Sylvia: "Du bist endlich da, wo du immer schon warst!" Die Begegnung mit dem Absoluten im Kontext buddhistischer Praxis, in: Schlangenbrut, Nr. 71, 2000, S. 22-24.

Kron, Tamar/Muth, Cornelia: Hearing Lévinas und the Revelation of Responsibility, in: Fritsch-Oppermann, Sybille (Hgg.): Das Antlitz des "Anderen". Emmanuel Lévinas' Philosophie und Hermeneutik als Anfrage an Ethik, Theologie und interreligiösen Dialog, Rehburg-Loccum 2000, S. 185-196. Siehe Wiederabdruck in diesem Band.

Krone, Wolfgang: Martin Buber – Herausforderung durch den Anderen, in: Im Gespräch, Nr. 4, 2002, S. 5-18.

Lacan, Jacques: Jenseits des Imaginären, das Symbolische, oder vom kleinen zum großen Anderen, in: Ders.: Das Ich in der Theorie Freuds und in der Technik der Psychoanalyse, Das Seminar Buch II (1954-55), Weinheim 1991.

Lauretis, Teresa de: Die Andere Szene. Psychoanalyse und lesbische Sexualität, Berlin 1996.

Mehrgardt, Michael: Erkenntnistheoretische Fundierung der Gestalttherapie, in: Fuhr, Reinhard/Sreckovic, Milan/Gremmler-Fuhr, Martina 1999, S. 485-511.

Muth, Cornelia: Wissenschaftlerinnen und Studentinnen im Dialog mit ihrer Körpersozialisation, in: Macha, Hildegard/Klinkhammer, Monika (Hgg.): Die andere Wissenschaft: Stimmen der Frauen an Hochschulen, Bielefeld 1997, S. 187-195. Siehe Wiederabdruck in diesem Band.

Muth, Cornelia: Erwachsenenbildung als transkulturelle Dialogik, Schwalbach/Ts. 1998.

Muth, Cornelia: Mut und Verantwortung als feministische Übergangsphänomene, in: Fischer, Dietlind/Friebertshäuser, Barbara/Kleinau, Elke (Hgg): Neues Lehren und Lernen an der Hochschule – Einblicke und Ausblicke, Weinheim 1999, S. 157-167. Siehe Wiederabdruck in diesem Band.

Muth, Cornelia (Hgg.): Zwischen Gut und Böse: Mit Martin Bubers sechs Schritten nach der chassidischen Lehre das eigene Leben gestalten, Gütersloh 2001.

Muth, Cornelia: Der sozialpädagogische Dialog, in: Koch, Gerd (Hgg.): Wörterbuch der Theaterpädagogik, Milow 2003.

Ortmann, Hedwig: Die Zukunft der Geschlechterbeziehung – Voraussetzungen und Wirkungen eines integralen Bewußtseins. Unveröffentlichtes Manuskript, Bremen 1998 (Überarbeitet und veröffentlicht unter www.die-frankfurt.de/espri d/dokumente/doc-2000/ortmann00_01.htm).

Prengel, Annedore: Pädagogik der Vielfalt: Verschiedenheit und Gleichberechtigung in Interkultureller, Feministischer und Integrativer Pädagogik, Opladen 1993.

Rendtorff, Barbara: Geschlecht und symbolische Kastration: über Körper, Matrix, Tod und Wissen, Königstein/Ts 1996.

Rendtorff, Barbara: Sprache, Geschlecht und die Unerreichbarkeit des Anderen, in: Behm, Britta L./Heinrichs, Gesa/Tiedemann, Holger (Hgg.): Das Geschlecht der Bildung – Die Bildung der Geschlechter, Opladen 1999, S. 169-183.

Rendtorff, Barbara/Moser, Vera: Geschlecht als Kategorie – soziale, strukturelle und historische Aspekte, in: Dies. (Hgg.): Geschlecht und Geschlechterverhältnisse in der Erziehungswissenschaft – eine Einführung, Opladen 1999, S. 11-68.

Schäfer, Martina: Die Wolfsfrau im Schafspelz. Autoritäre Strukturen in der Frauenbewegung, München 2001.

Schilpp, Paul Arthur/Friedman, Maurice: Martin Buber, Stuttgart 1963.

Schmuckli, Lisa: Differenzen und Dissonanzen: Zugänge zu feministischen Erkenntnistheorien in der Postmoderne, Königstein/Ts 1996.

Sölle, Dorothee: Mystik und Widerstand: du stilles Geschrei. Hamburg 1997.

Stein, Edith: Die Frau: Fragestellungen und Reflexionen, Freiburg/Br. 2000.

Streit, Monica: Wohin mit dem Ego? Spiritualität und Psychotherapie, Berlin 2001.

Thürmer-Rohr, Christina: Neugier und Askese – Vom Siechtum des dialogischen Prinzips an der Dienstleistungs-Universität, in: Festschrift für Ekkehart Krippendorf: Für eine lebendige Wissenschaft, Frankfurt/M 1999, S. 61-74.

Walter, Willi: Geschlecht und Männerforschung, in: Braun von/Stephan 2000, S. 97-115.

Welsch, Wolfgang: Rede zur Kultur, in: Paragrana, Nr. 1, 1994, S. 200-216.

Wilber, Ken: Naturwissenschaft und Religion. Die Versöhnung von Weisheit und Wissen, Frankfurt/M 1998.

Wulf, Christoph: Mimesis und performatives Handeln. Günther Gebauers und Christoph Wulfs Konzeption mimetischen Handelns in der sozialen Welt, in: Ders./Göhlich, Michael/Zirfas, Jörg (Hgg.): Grundlagen des Performativen. Eine Einführung in die Zusammenhänge von Sprache, Macht und Handeln, Weinheim und München 2001, S. 253-272.

Hearing Lévinas and the Revelation of Responsibility[1]

We follow Lévinas, relating to his Hermeneutics, by refering to his text as a living text for us. We read it and hear it from where we stand concerning our responsibility. My responsibility is different from your responsibility, so each of us reads the text, or hears what the text is saying, in a different way. We do not try to understand in the usual meaning of understanding, or to get knowledge out of it. We hear, and our reactions reveal our individual unique responsibility. For example we, the authors are living in two different psychosocial and cultural contexts: in Israel and in Germany. One is a psychotherapist and the other a teacher of transcultural adult education. We do not therefore want to describe what Lévinas wrote, we don't want to repeat what he said. Rather while hearing Lévinas' text, we create the future of our personal-professional existence by awakening us to a realization of our being. This awakening gives expression to our unique individuality because as readers and colleagues we cannot replace the Other's responsibility. So far what we write can be for the reader a text to hear and to reveal the reader's own voice.

Our acquaintance with Lévinas is not so long term and deep like that with Buber. But we felt it important to learn about Lévinas' unique meaning of responsibility to the Other, because his view seemed to us extremely radical. We wanted to come closer to his thought by reading it aloud and discussing it, talking with his words. Only after we describe our experience with Lévinas, shall we relate our attitude to both, him and Buber.

The following is an acting dialogue, our dialogue in Berlin and in Jerusalem while reading and interpreting Lévinas' text – in English, German and Hebrew and a little in French. It is reading, hearing and talking in light of what we acknowledge as our responsibility, and in relation to our dialogue with Martin Buber's philosophy.

---

[1] In collaboration with Tamar Kron. This article was originally published as "Hearing Lévinas and the Revelation of Responsibilty", in: Fritsch-Oppermann, S. (Hg.): Das Antlitz des Anderen. Emmanuel Lévinas' Philosophie und Hermeneutik als Anfrage an Ethik, Theologie und interreligiösen Dialog, Rehburg-Loccum 2000, 185-196. Reprinted with kind permission.

Responsibility and serving

For Lévinas the only meaning of human life, after terrible wars and the holocaust shattered all ideals, is living with responsibility to the Other. Even more – that the way I am treated by the Other, is also my responsibility. This is a radical thesis and a challenge for me when I am in a real conflict with another, because I have not only to realize my own part in the problem but more than that: I am entangled in the Other's treatment towards me without choice.

Nevertheless, there is no mutuality in responsibility. I cannot influence the Other to be responsible to me. Nobody can replace me, because nobody can overtake my responsibility, which is unique. I am responsible for the Other's responsibility. Responsibility to the Other is not a matter of decision or choice. We can not decide that we do not get involved with the ongoing wars in the world. It is like a commandment, a commandment that reaches me through the face of the Other. The face commands me to serve – before dialogue.

But what does it mean to serve? It does not mean slavery – it means giving, without expecting being given in return. Only by losing my humanity, I can oppose this serving. Humanity is the concrete realization of love. Thus Lévinas interpretes the saying "Love your neighbor as yourself" not as "loving yourself, neither that your fellow person is like yourself, but because you yourself is this love"[2]. This serving is a deep passive love, as it is not the conscious I who decides on it. It is me who am serving the Other, being compelled by the Other's naked face, exposing the Other's vulnerability and weakness. A conscious pride of my humility as it is found, expected and valued when I follow the rules of the so called humanistic society, is already a betray of the Otherness. In Other words: when the serving and the humility become an 'institutional' norm which gives me a certain status, then it is using of the Other for my own needs.

"Serving" is usually connected with a power structure with hierarchical differences. That's why we react to the idea of "serving" with uneasiness. For Lévinas it is connected with responsibility and is outside the power structure. It is only in moments of great clarity, when we are in a state that is beyond the limits of everyday life, that we can recognize and accept this serving. As an example, here is a dream of a

---

[2] This quotation is to be found only in the Hebrew Version of "Ethik und Unendliches".

patient of Tamar Kron, who in his life is entangled in a power struggle with himself and with people close to him – his wife and children, and his colleagues at work:

> "I'm going with my children to China. My wife is in the background – she is supposed to come but she has not arrived yet. We find ourselves in a primitive town, there are lots of people in the streets, poor people, dressed in gowns and head dresses, it's a noisy place with many children and wanderers, homeless people, there are no cars, everybody is walking around. I sit in a corner on a bench, with my suitcases and the children, and I ask the children to keep an eye on the suitcases, while I am making a round to see where we are.

> When I come back to the bench there are two men sitting there. One is younger than I, a tall and handsome man, with black hair and Mongolian face, and the other is shorter, a sort of 'servant'. There is electricity in the air, a very special atmosphere of positive excitement, a Nirvana of sorts, calmness. The young man offers help, with no words, we don't talk much. I can't understand how we communicate, but there is all the time a communication. He takes us to his home, because that is what is needed so that I will be calmer. We don't take our suitcases with us or money, it is suddenly not important at all and unneeded. We arrive at his house, it is dark inside, with very weak light from the lamps, there is almost no furniture, but some carpets and oriental decorations, and lots of pots and dishes, copper, putter and other dishes. My inner feeling gets deeper and deeper, I feel that I have to stay there and wait. There is a feeling of safeness in this place, in the atmosphere and in the relationship, and I start to wash the dishes. There are lots of dishes there, and I identify my own dishes which are also there among the others, and I wash and wash and wash, lots of dishes."

The dreamer resigns to the call of the younger man he meets. He follows this stranger, unknown to him, an Other, to his home, where he enters a passive being, and submits to serving this Other and this being, a submission which brings on him a deep calmness.

After relating the dream, the dreamer had nothing to comment on. He could not understand or interpret this dream, he could only recall this feeling of calmness, and admit that both his behavior in the dream, and the atmosphere were completely foreign to him. Vaguely he could perceive that this dream challenged his expectations from himself that he will be in control of his environment and 'the man in power' at all time. That the answer for his difficulties with those who are closest to him, is in giving in, in passivity, to the call of the Other.

The face is not given to categorization

The face of the Other is an authority of its own. Its power works because the face is naked and exposed. "That responsibility is elicited, brought about by the face of the other person, described as a breaking of the plastic forms of the phenomenality of appearance."[3] The face is the poorness of being without the usual social networks one belongs to. In this perceived weakness lies the power of the responsibility for the Other.

This also means that the face is not given to categorizing. For example: Even though I, Cornelia Muth, was born in Germany in 1961, I am responsible for not to have Auschwitz happen again. I do not have to feel guilty about the past because I belong to the category German, but because I am a human being whose need is justness and fairness. I say this, and to act according to these values I have to be selfless through dis-interestness with what happened in the Holocaust. Dis-interestness means to let go of egocentric interests. This means for me to let go of my own categorizing as belonging to the perpetrator country, and stop complementing my German identity with that of the Jewish victims of the Holocaust.

Being a lesbian I am part of a persecuted group, my 'historical homosexual kin', that has been also persecuted in the Holocaust, for being considered socially degenerated. However, belonging to a discriminated group and be categorized 'homosexual', does not give me the right to self-justify and moralize to Others. I just have to be respected for my difference as a human being, just for human "Ek-sistence", for my own awakening. In homosexual jargon to say: it is my ongoing coming-out as it is for you and you and you... as for every Other.

Nevertheless I can not let go of the crime and history, as I am deeply connected with the entanglement of my elders and their and my ongoing alienation caused by the disaster of the Holocaust. For example, my grandfather died as a German soldier in 1943 in Germany. His family struggled then to have enough food for his wife and seven children. My mother, being the eldest, was forced to take his role over, and lost her real time for adolescence. My mother has never overcome her father's death, and until her own death she could never bring herself to talk about him and his ancestors. Thus, I will probably not find out whether the grandfather of

---

[3] All following quotations are taken out of the English version of "Außer sich": Lévinas, Emmanuel: Outside the Subject, Stanford University Press, Stanford/California 1993.

my grandfather was Jewish, a fact that was hinted at in my family. There has never been a discussion about World War II and the crime on the Jewish people at our dinner table. Even in the late Seventies I was not allowed, in the house I lived in, to talk about politics. There was a hidden message that people around us should not know which party my mother and grandmother voted for, because there was still a fear of persecution and punishment.

The face is not given to colonization

Another aspect of the power structure is 'colonization', meaning that we take for granted that the Other has to be the same as us, because we are 'the best' or 'the right', or the other is 'less' or 'bad'. Examples for the tendency to "colonization" can be found in Israel, when during the Fifties many Jews from North African and Middle-Eastern countries came to live in Israel, their ancient Home. The Israeli modern Western society tried, out of good intentions, to 'absorb' these people, expecting them to adapt as quickly as possible to the dominating cultural values and norms, not allowing their Otherness. Notwithstanding these good intentions, the result of this 'colonization' was a growing rage, which burst out in hate and rebellion against the 'oppressors'. The lesson of that mistake has not been learned, as can be seen nowadays in the effort to 'colonize' the Ethiopian Jews who immigrate to Israel, albeit their suffering and rage. Another example is the unification of East- and West-Germany: East German identities were swallowed by the West-German society. Their narcissistic wound gave rise to a certain vulnerability of the East Germans, overreacting to any real and imagined discrimination. The two nominations as 'Wessi' and 'Ossi' are still in use, when Easts and Wests meet as a kind of categorization according to a power structure.

Even when we believe that we have the best intentions when trying to help or to better the Other – we deny the Otherness. For Lévinas this will not be responsibility, but negation. This does not mean not to see the categories and the difference among cultures but to see that there is a unique difference between everyone beyond categorizing. For us, to be 'politically correct' is a hypocrite differentiation and a new kind of discrimination. Paying attention to categories, like 'gender', 'sexual orientation', 'race', 'religion', 'age', and so on, stabilizes anti-humanistic attitude to the face of the Other.

To know the face is impossible

The face is truth, inescapable. It is not harmony. I cannot escape the difference from the Other, by sentimentalize our sameness, or closeness. The effort, again with all good intentions, to bring together Jews and Arabs, West and East Germans, intended to create harmony, might end in disappointment. Only if we are ready to accept the Otherness with all the pain involved, we bridge the alienation from each Other.

Neither is the truth of the face a matter of knowledge. I cannot suppress the Other in me by collecting knowledge about the Otherness. More knowledge will not bring me closer to the Other. For example it is not a matter of how many books you read as a parent on parenthood and how to relate to your children. Rather it is how you acknowledge their unique Otherness. This relates to intercultural meetings. For example: visiting Israel as a German, the amount of knowledge I can gather of the Other's country, will not help me getting close to the people, if I just read the words of travel guide books.

Closeness is not to be conscious of; neither is it knowing of the Other. The face of the Other is for me a mirror, showing me my order in human life. There is an order which is higher than knowing that touches your individual existence. This order is outside the object and outside the subject. It is outside the object, as it is not an objective phenomenon that I can categorize or analyze, or observe. It is outside the subject, because the face of the Other awakens the subject to this order, that is not to be controlled by subjectivity.

Who is the 'I'?

What is this subjectivity? When we say 'I' whom do we mean? Is this 'I' an objective phenomenon? Is this 'I' a subjective self-reflection? How is this 'I' connected to the plurality of 'I's? For Lévinas, following Husserl, the 'I' is unique; it exists before thinking and self-reflection. It is timeless, which means there is no past, present and future. When I say 'when I was ten years old I did not know what I know now', it is not the 'I' that I recall, but an object which is described by me in objective terms. "We are human before being learned, and remain so after having forgotten much", says Lévinas. The 'I' is not to be known as an object, neither by self-reflection, but in immediacy. The 'I' "... identifies itself as incessant awakening."

How is the 'I' relating to the Other, in this incessant awakening? The 'I' is connected to another with a spiritual connection, beyond material world and egoistic needs. By this it is a human manifestation, meaning that this spiritual connection is the essence of humanity. My pure 'I' in my uniqueness is turned towards the Other's uniqueness in his or her pure 'I'.

Lévinas extends the "Transcendental I" of Husserl, by that the pure 'I' is not unconnected, but is responsible for the 'face': even more – to be an 'I' means not to be able to escape responsibility. In real life this responsibility is actualized as a call which cannot be refused. Lévinas describes: "The resounding call of a vocation above the logic that still commands the individual through the necessities of the genus and species, the awakening to vigilance of thought in which the Other, still part of an objective world in knowledge, is also outside the world." This vocation, the call of the face to me, is more than a feeling, and more than knowing the world and myself. I am awakened to this Other who is beyond objectivity and subjectivity, whose face cannot become my object.

We are human beyond the definitions of gender, culture, race, religion and nationality; this humanity reveals itself in the opening for the Other. Here love comes, love that is not to be grasped by logic. The Other is my love.

The responsibility to the Other is as indestructible as the 'I' is indestructible. The only choice we have is to alienate ourselves from both 'I', and responsibility for the Other, thereby deciding against dialogue, When we decide against responsibility for the Other, we decide against ourselves. This is the only free choice that a human being has.

Freedom of choice – or – submitting to the Other?

Why is it problematic for me to realize that the freedom to choose, is actually the freedom to decide against myself? The difficulty lies in the need to submit and give in to the responsibility for the Other. The acknowledgement of the Other as different and not the same as myself may open my private territory, and I can be injured and intruded upon, having to give up my egocentric needs. At the same time I myself become the naked face, weak and defenseless. This is experienced as a trauma for my self-consciousness, and a passivity, over which I have no control.

Motherhood for example: is the expression of a concrete passivity. In pregnancy, the mother contains in her body the fetus, which is completely dependent on her, and to whom she is responsible, without deciding on it, without choosing it, even when she resists it. Giving birth is an event that 'does not ask the pregnant woman if she wants it now or not' – it is there, and the woman has to give in, to submit in complete passivity. Having to accept this responsibility, feeling that there is no choice, no way out – can be one of the main reasons for depression during pregnancy and after birth. The baby's face, naked and helpless, is for the mother a trace of humanity, and a trace of her own past and future. This face is for the mother the Other that she is responsible for, completely and in submission.

Lévinas refers to the responsibility of the mother to her fetus; saying that what determines motherhood is the responsibility for the Other. In pregnancy, the mother is even responsible for being persecuted by her fetus (referring to the danger of dying while giving birth). This for him is the utmost expression of responsibility.

As a defense against the trauma and the pain of humiliation, I may choose to ignore the 'face' or the Other in his or her Otherness. I may decide that this Other is identified with me, or the same as me, or that this Other is an enemy that I have to attack, or to distance from. When I ignore the Other I risk my own alienation; I destroy my humanity, in which I am unique. This choice, this decision not to accept my responsibility, is not known to me as such, but gets legitimization from my rationalization. My logical thinking, my 'knowing the world', the norms I got from my society – all help me in rationalizing my decision to ignore the Other.

Thus, as a parent, whether mother or father, I defend myself against the daily trauma of realizing and accepting in submission my responsibility to the child as an Other. I can develop a symbiotic relationship, relating to the child as part of myself. Or, I can force the child to fulfill my expectations, to mold him or her according to my ideals and norms. Most of the problems between parents and children that we meet in our practice as psychologists and educators stem from this inability to accept the responsibility for the child as an Other. By defending against it, the parent destroys his/her future as a human being – for the child is a trace of the future.

Responsibility and guilt

I am guilty when I do not accept the Higher Order of humanity. Guilt is not produced by mistakes done, but because I stand in total responsibility for all Others. The 'I' always has more responsibility than the Other does. I have always had to first ask myself, in what am I guilty, and not look at the Other's guilt.

For example – as a Jewish Israeli I, Tamar Kron, have the tendency to ignore Palestinians suffering. I distance myself from this suffering, so as not to accept the responsibility that I, as an Israeli have towards Palestinians. As the grand-daughter of victimized Jews, it is many times easier for me to identify with the fear of losing my stronghold in the State of Israel, finding in it legitimization for non-acting, and for not feeling guilty. The solution for this ambivalence is not to forego my Israeli identity. This will be hypocrisy and trying to find sameness with the Palestinians, or creating a false harmony with them as Others. I cannot carry their load. Still I am responsible, and that is the meaning of the guilt.

It is interesting for us to look into the differences between Lévinas' and Buber's basic meaning of guilt. Guilt and not guilt-feelings is also a theme of Martin Buber's thought when he is talking about our relations with the Otherness. Buber differentiates between personal existential guilt and neurotic guilt feelings. It is my responsibility to mend the disturbed order of my world for which I feel existential guilt. This is 'tikkun' according to the Kabbala.

In healing meetings, whether in education, psychotherapy, ministerial work, counseling and others, there is always an asymmetrical setting and dependency. The patient depends on the therapist to offer a frame for healing; the therapist depends on the patient to confirm the therapeutic task. However we ask ourselves where the limits of a healthy dependency (which is responsibility) are to be found. When does responsibility turn into co-dependency? Is the absence of responsibility co-dependency? For us there seems to be a connection between the absence of the 'I' and responsibility: when there is no I who speaks there is no responsibility and when there is no responsibility the only option is alienation that disguises itself in co-dependency. Co-dependency is a relationship of control and possession and derives from the egocentric need for sameness. The guilt co-dependency arouses is different from the guilt Buber and Lévinas are talking about.

The human being in Lévinas' world is guilty when I do not accept my responsibility. For Buber guilt occurs when I do not answer the call of present moment or when I disrupt the ethical order of the world, meaning cosmos, which is different from chaos and the I-It-structure of the world. I destroy my order of the world when I neglect or injure my fellowwo/men.

Looking at Lévinas and Buber

Lévinas and Buber have in common the belief in a reality that can not be perceived only by knowledge and logical thinking. This reality exists beyond knowledge and logic, a reality that is uniquely human. Buber terms this unique human reality the Between or the Interhuman.

However Buber acknowledges a twofold mode of existence: I-Thou and I-It. In comparison, Lévinas considers only one real human existence and way to responsibility which is revelation. Buber accepts and therefore describes the dynamic and static sides of human life. This static mode is alienation for Lévinas. By saying this he shows his dualistic point in his ethics. Buber, on the other hand, talks about dynamics and movement between two polarities and its implicit tensions.

Here we get two hidden messages: For Lévinas alienation is all negative, and the only option is responsibility. Buber has more compassion for the limitations of human beings that cannot live in the I-You-mode alone, and have by necessity to live in the I-It-mode.

Lévinas describes the authority of the Other, an authority that is rooted in a paradoxical way in the Other's weakness, and the need of the 'I' to submit to it. Buber describes the moment of dialogue as a moment of grace. According to Lévinas the responsibility of the 'I' for the Other is not mutual. With Buber, the dialogue when it occurs, is always mutual. Lévinas criticizes this mutuality, as giving the relationship between the 'I' and the Other a symmetrical structure. For Lévinas the Other comes always before the 'I'. The 'I' in Buber's dialogue always says 'I-You' to let the relationship come into existence. At the same time the 'I' needs the Other, to say 'You' to the Other. Lévinas does not relate to the Other as a 'You'. The Other for the 'I' is the 'face' who either arouses responsibility – or is to be destroyed, and thereby alienating the 'I'.

Healing the alienated 'I' is only through meeting, says Buber. For example, even when the meeting is between a therapist and a client and the relationship is not symmetrical – the mutuality of the dialogue has to be there for the healing to take place. For Lévinas the healing is in the revelation of both: the Other's and the 'I''s responsibility. These responsibilities are unique – they are not identical, and not replaceable. I cannot take the Other's responsibility, and the Other cannot take my responsibility. We see here the closeness of Lévinas' and Buber's ideas. Both of them get their inspiration from the same sources – the Bible and Jewish Humanism, but they hear the texts in their personal ways.

When we look into the hidden messages of the text performances of Lévinas and Buber, it is revealed to us that Buber is indeed looking for the dialogue with the reader. He is desperately longing for the Thou. Lévinas is concerned with keeping his own Otherness, his own and unique position. Lévinas disturbs us as readers in our usual reading habits, by preventing us from logically categorizing the written text. This is the same with Buber's writing. We can not hear his 'I' when we do not say 'You' to Buber's text. It shows how important the mode of hearing is. Lévinas attracts our attention by not using the same rhythm or repeating figure that lowers our awareness. However we have to take every little bit of the phrase into account otherwise we miss Lévinas' track. Buber talks with guiding words, his phrases go along with a certain melody that realizes our ability to relate to the Thou of the text. While still revealing ourselves in reading Lévinas' text, we can relate our narratives which changed by hearing his writing. This revealing process deepens our own relationship. Through Buber we perceive the mutual and ongoing dialogue between us, between us and Others. Through Lévinas we acknowledge our profound asymmetry: the Other as Other and not the You or I-It. The responsibility for the Other embraces all – the Other's weaknesses and helplessness and material needs. It also includes the way the Other treats me. Lévinas quotes Israel Salanter: "My fellow-wo/man's material needs are my spiritual needs." Lévinas criticizes Buber for not relating to the material problems of the 'You', that the 'I' does not take care of the you. But here we go with Buber, who says that even if all the people of the world have the same material resources, still the problem of the dialogue will stay and even will come into the fore.

Mut und Verantwortung als feministische Übergangsphänomene[1]

Meine Lehrveranstaltungen richten sich an Politologie-Studierende der Freien Universität Berlin, die im Hauptstudium Politische Jugend- und Erwachsenenbildung als Schwerpunkt im Berufsfeldorientierungsbereich wählen. Ich bin dort als wissenschaftliche Mitarbeiterin verantwortlich für das Angebot an Methodik und Didaktik der Jugend- und Erwachsenenbildung und ebenso für die feministische Bildung. Meinen theoretischen Hintergrund bilden der soziologische Ansatz von Enno Schmilz, der Erwachsenenbildung als lebensweltbezogenen Erkenntnisprozess betrachtet, und die Sozialphilosophie Martin Bubers (Muth 1998 und Schmitz 1989). Praktisch orientiere ich mich an meiner 20jährigen Erfahrung in der Kinder-, Jugend- und Erwachsenenbildung und an meiner dreijährigen gestaltpädagogischen Weiterbildung. Gestaltpädagogik selbst enthält Elemente der Psychoanalyse, die auch im qualitativen Ansatz von Schmitz eine Rolle spielt. Schmitz lehnt sich an die Arbeiten von Oevermann an. Dessen Ansatz der "objektiven Hermeneutik" wiederum arbeitet mit psychoanalytischen Ergebnissen über das Unbewusste. Aus diesem Grunde ergibt sich die Wahl des genuin psychoanalytischen Begriffs des Übergangsphänomens. Dieser Begriff wird oft identisch mit Übergangsobjekt gesetzt und beschreibt einen "Zwischenbereich der Erfahrung", genau gesagt die zwischen einem Subjekt und Objekt (Laplanche/Pontalis 1994). Der folgende Beitrag behandelt die feministische Objektbeziehung gegenüber Mut und Verantwortung. Ausgehend von Textbeispielen zweier Studierender zeige ich auf, wie der Begriff des Übergangsphänomens den kreativen Interaktionsbereich zwischen Hochschuldozentinnen und Studentinnen beschreibt. Im Gegensatz zu Winnicotts Annahme, daß bestimmte Übergangsphänomene nicht analysier- und bewertbar sind, behaupte ich, daß Phänomene wie Mut und Verantwortung Ausdruck einer wechselseitigen Vertrauensbeziehung sind, in denen eine nicht-patriarchale Sprache gefunden werden kann.

---

[1] Erstveröffentlichung als "Mut und Verantwortung als feministische Übergangsphänomene", in: Fischer, D./Friebertshäuser, B./Kleinau, E. (Hg.): Neues Lehren und Lernen an der Hochschule. Einblicke und Ausblicke, Weinheim 1999, 157-167.

Aus meiner Seminarpraxis

Zum Semesterende ermutige ich meine Studentinnen, einen *persönlichen* Seminarbericht zu schreiben. Dazu gehört auch Kritik an meinem Lehrverhalten. Dass meine fakultative Erwartung nicht den klassischen universitären Arbeiten entspricht, zeigt die studentische Reaktion: Es wird mehrmals gefragt, was ich genau hören will. Unsicherheiten treten hervor, aber auch Lust am Ausdruck eigener Erfahrungen. Auf diese Weise erhielt ich im letzten Jahr zwei außergewöhnliche Rückmeldungen, die mich heiter und nachdenklich gestimmt haben. Beide Feedbacks bezogen sich auf ein feministisches Seminar im Rahmen von Lehrveranstaltungen zur Politischen Bildung. Mein Kurs setzte sich mit anthropologischen Aspekten feministischer Bildungsansätze auseinander. Ziel war u. a. die Analyse implizit moralischer Botschaften in Texten zur Mädchen- und Frauenbildung. Das neue Wissen sollte danach anhand szenischer Theaterpraxis in Bewegung gesetzt werden. Als Vorlage diente das nordamerikanische Theaterstück "Why We Have a Body" von Ciaire Cafee. Die Autorin beschreibt ein Stück Lebensweg von vier Frauen, die alle etwas *suchen:* Mary ist Detektivin und ihre Schwester Lily lebt auf der Straße, wo sie "Sachen sucht" bzw. auch stiehlt. Eleanor, die Mutter der beiden, meint, auf Reisen und in Illusionen ihr Glück zu finden. Aus diesem Grund kümmert sie sich auch kaum um ihre Töchter. Die vierte Frau ist Renee. Sie ist Wissenschaftlerin und verliebt sich auf einer Flugreise in Mary.

Das Stück zeigt den schwierigen Prozess, die eigene Identität als Frau zu finden. Die Dialoge der Frauen spiegeln ihre lebensgeschichtlichen Erfahrungen wider, und ohne viel nachzudenken, hat frau bzw. haben sich die Studentinnen mit der einen oder anderen schnell identifiziert. Ebenso schnell wird die Differenz zwischen den feministischen Idealen in wissenschaftlichen Texten und denen im Leben deutlich: Konkretes feministisches Sein und Handeln ist schwierig. Außerdem wird offenbar, dass die eigene Selbstfindung nicht nur im Kopf stattfindet, sondern mit dem eigenen Körper und dem konkreten Gegenüber.

Das Besondere an meinen feministischen Seminaren besteht darin, dass ich Studenten zur Teilnahme ermutige. Dies geschieht zur Unfreude und Kritik der "radikaleren" Feministinnen. Aber nach anfänglicher Irritation und der Darstellung meines Standpunktes, der davon ausgeht, feministisches Wissen nicht "eingeschlechtlich" zu teilen und Pluralität als praktische Herausforderung zu betrachten, habe ich bislang noch keine diesbezüglichen "Aussteigerinnen" erlebt.

Die erste Rückmeldung stammt von einem Studenten. Statt eines Berichtes schreibt er Folgendes:

> "Ich bin einem Menschen begegnet, dem ich in dieser Alltagswelt wahrscheinlich nur
> diesen Satz sagen konnte: ,Es war schön, Dir in meinem Leben begegnet zu sein!'
> *Ihr* und allen Lillys, Marys und Eleonors widme ich die folgenden Zeilen.
> Jenseits der Brücke
> Ich baue Dir eine Stadt, welche keine Stadt ist, wenn Du keine Städte magst.
> auf deren Marktplatz innere Aufrichtigkeit und Fairness herrschen,
> deren Fundamente Zeit, Zuneigung, Zärtlichkeit und Vertrauen sind.
> Ich will eine Sprache lernen, die Du verstehst,
> will Dir gestalten einen Regenbogen, nur in Deinen Lieblingsfarben.
> gehe mit Dir in die Ferne, welche Deine Nähe ist,
> suche den Weg zu Deinem Herzen, doch alleine finde ich ihn nicht.
> so lasse ich meine Wünsche los, weil ich Deine Befürchtungen nicht kenne.
> und gehe zurück in meine Welt und warte, ob Du sie besuchst,
> ein einsamer Weltenreisender."

Der Verfasser dieser Worte hatte das erste Mal an einem studentischen Frauenseminar teilgenommen. Es bleibt offen, ob ein/e Studentin oder ich als Dozentin angesprochen werde. Diese Zeilen sind auch Ausdruck intensiver Gespräche zwischen ihm, den Studentinnen, einem weiteren Studenten und mir. Ebenso könnte es den emotionalen Hintergrund akademischer Interaktionen zeigen. Die tiefe Einsamkeit eines Mannes, der im Kontakt zu seinen Gefühlen ist, und die Suche nach ehrlichem Austausch, scheint hier offenbar zu werden[2].

Der zweite Bericht erfolgte in Form eines Logbuches des Raumschiffs Enterprise. Die Studentin bezieht sich auf eine Exkursion, die im Rahmen der zweisemestrigen Veranstaltung stattfand. Auszüge sollen dokumentieren, was das Thea-

---

[2] Meines Erachtens zeigt sich hier auch der Bedarf für Männerbildungsveranstaltungen an Universitäten. Der kurze Text könnte das bestätigen, was Robert Bly (1993) in seinem "Eisenhans" feststellt:
"Wenn ein Mann seine Rezeptivität ... bereitwillig annimmt, empfindet er sich häufig als wärmer, kontaktfreudiger, lebendiger. Doch wenn er sich ... .seinem tiefen Mann' nähert, wittert er Gefahr. ... Der Kontakt mit Eisenhans erfordert die Bereitschaft, in die männliche Psyche hinabzusteigen und zu akzeptieren, was dort im Dunkeln schlummert, auch die nährende Dunkelheit" (ebd., S. 21).

terspielen in Hinblick auf die Auseinandersetzung mit der Identitätsfindung von Frauen ausgelöst hat:

"Unterbrochen wurde dieser Tag von einem Ereignis. Wir bekamen nämlich unangemeldeten Besuch. Zwei Frauen, die sich uns als Schwestern ausgaben, saßen plötzlich mitten unter uns und bestimmten vollends den Ablauf unserer Woche. Die zwei hießen Mary und Lily und waren vom Planeten Mothership. Ohne unsere Aufforderung präsentierten sie uns auf recht aufdringliche Art und Weise die Probleme ihrer schwesterlichen Beziehung. Es ging ziemlich heftig ab zwischen den zweien, und keineR von uns griff ein. Alle saßen wie erstarrt und schauten zu. Erst als sie den Tisch wieder verließen, um etwas Luft zu schnappen, brach bei uns eine heftige Diskussion darüber aus, was wohl der Konflikt sei: ,Die Szene zeigt uns eine total symbiotische Beziehung von zwei Schwestern' schrien Annabelle und Elisa[3] vom Planeten ... durch den Saal. Die ältere Lily ist in der Szene damit beschäftigt, sich abzugrenzen, während die andere anfangs über ihre Familie allgemein reden wollte. So versteht Lily ..., daß Mary immer nur haben haben haben will. Sie sieht und hört und fühlt am Ende gar nicht, daß ihre Schwester ihr ein Angebot macht, über die Beziehung zu ihrer Geliebten zu reden".

Ging es in der genannten Szene einerseits um die Beziehungsprobleme zwischen Schwestern und deren Lösung, handelte eine weitere Szene darüber, ob der Geschlechtsverkehr einer heterosexuellen Frau mit einer lesbischen Frau dazu ausreicht, die "Hetera" als "Lesbe" zu kategorisieren. Folgende "Logbuchnotizen" sind zu finden:

"Ist sie, muß sie (Renée, die Wissenschaftlerin), ein Mann sein, wenn sie mit einer Frau schläft?
Müßte sie es tun, wenn sie mit einer Frau spricht?
Ist sie noch eine Frau, wenn sie mit einer Frau spricht?
Ist sie noch eine Frau, wenn sie mit einer Frau schläft?
Ist sie dann automatisch lesbisch?
Ist eine Frau, die mit einer Frau spricht, lesbisch?
Ist eine Frau, die mit einer Frau lacht, lesbisch?
Ist eine Frau, die mit einer Frau schläft, lesbisch?
Warum kann eine Frau nicht lesbisch sein, wenn sie mit einer Frau lacht?
Das war in diesem Moment für mich die zentrale Frage. Für Conny vom Planeten Buber war es: Die anscheinende Weltordnung ist anscheinend nicht die Ordnung!!!!!!!!!!!!!!".

Mit "Conny" bin ich gemeint. Der Planet Buber weist auf meine Auseinandersetzung mit Martin Bubers Sozialphilosophie hin, auf die sich meine Dissertation bezieht und die immer wieder Teil meiner Seminarbeiträge zur Identitätsfindung war. Zur

---

[3] Die Namen sind von mir geändert worden.

Einkategorisierung von Menschen sagt Buber (1996), dass das "Du" kein Koordinatensystem kennt, und deswegen die geordnete Welt nicht die Weltordnung in Hinblick auf zwischenmenschliche Bestätigungen sein kann (Buber 1996, S. 31).

Es stellt sich nun die Frage, warum ich die genannten Beispiele darstelle? Die studentischen Reaktionen bzw. Produkte sollen zeigen, dass feministische Lehre nicht allein die Vermittlung von feministischem Wissen ist, sondern ein "Zwischenbereich des Erlebens" (Winnicott 1994), bei dem die weiblichen (und sicher auch die männlichen[4]) Lehrenden die Rolle eines *Übergangsobjektes* bzw. eines *Übergangsphänomens* einnehmen[5]. Diesen von der Psychoanalyse entdeckten Bereich und Begriff möchte ich hier für die Theorie der Hochschuldidaktik fruchtbar machen. Meines Erachtens sind Interaktionen zwischen Hochschulangehörigen theoretisch eine "Terra incognita".

Subjektivität an der Hochschule

Übergangsphänomene stehen für die psychosoziale Dynamik der Interaktion zwischen "Nährenden" und "Genährten" oder, übertragen auf die Hochschule, für die subjektiven Beziehung zwischen Lehrenden und Lernenden in der "Alma Mater" (d.h. die nährende Mutter). Brück (1988) sieht eine Begründung für die Terra incognita, d.h. für das Ausblenden subjektiver Elemente in der Theorie der Hochschuldidaktik, in der Angst der Forscher. Die "verbliebene Kindheit im Innern der erwachsenen Pädagogen" (Brück 1988, S. IV) wollen diese seines Erachtens nicht sehen, weil sie Angst haben, bei ihrer Forschung keine Reaktion zu bekommen. Brück bezieht sich hierbei auf Devereux:

---

[4] Olivier (1988) zeigt, welche Bedeutung männliche bzw. väterliche Bestätigung für die Entwicklung des Mädchens zur Frau hat.

[5] Die Anregung zu diesem Denkmotiv habe ich durch Mario Erdheim (1984, S. 348f.) erhalten. Er analysiert damit die Schule und das Lehrer-Schüler-Verhältnis: "Die Schule könnte ein ,Übergangsobjekt' sein, das zwischen Familie und Kultur vermittelt; das als Abwehr gegen die depressiven Trennungsängste von der familiären Welt gleichzeitig als Einführung in die Welt der Kultur dienen könnte. Aber statt solcher Übergänge schafft die Schule Fixierungen, die mittels der Initiation die Bindungen an die Familie nicht aufheben, sondern auf die Institution übertragen" (ebd., S. 349). Der Begriff selbst wurde von Winnicott 1953 eingeführt. Horton (1981) geht sogar davon aus, dass jeder Gegenstand ein Übergangsphänomen, zu dem ein "transitional mode" aufgenommen wird, sein kann.

"Dies (u. a. die klinische Kühle, distanzierte Nüchternheit, methodisches Rüstzeug etc.) setzt Devereux in Analogie zur tiefen, letztlich tödlichen Angst des Kindes vor dem Schweigen der Mutter als der wirksamsten Form des affektiven Entzugs, worin sie dem Kind verweigert, wovon es lebt: die mütterliche Liebe" (Brück 1988, S. V).

Mit anderen Worten: Die Thematisierung der emotionalen Beziehungsseite zwischen Lehrenden und Lernenden ist ein prekäres Vorgehen und könnte als ,unwissenschaftlich' abgetan werden, weil das Subjekt und seine persönliche Involviertheit beschrieben wird, die dahingehend persönlich ist, dass sie nicht in den wissenschaftlichen Diskurs gehört. Somit muss im Vorfeld jedeR NestbeschmutzerIn als "EmotionalisierIn" oder als unqualifiziert, weil nicht distanziert, abgewertet werden. Andernfalls wird ,peinlich' geschwiegen und menschliche Anteilnahme vermieden. Das Mütterliche bzw. das Fürsorgliche kommt infolgedessen in der Universität selten vor. Es könnte vermutet werden, dass Forscherinnen und Lehrende keine emotionale Bestätigung benötigen. Sie sind autark in ihrem Denken und somit in ihrem emotionalen Handeln, das beim Forschen und Lehren keinen nennenswerten Ort braucht (vgl. Macha/Klinkhammer 1997)[6].

Mein didaktisches Hochschulkonzept hingegen bezieht sich auf Bubers (1986) ganzheitliches (Menschen-) Bild der "Umfassung". Mit Umfassung ist die pädagogische Interaktion gemeint, in der PädagogInnen mit "Hingabe erziehen". Dabei stehen nicht das Wissen im Vordergrund, sondern die Akzeptanz der "Anderheit" und die Verantwortung für das pädagogische Handeln (vgl. Muth 1998). Hierauf werde ich in der fortlaufenden Argumentation noch einmal eingehen.

Übergangsphänomene, Feminismus und pädagogische Hingabe

Was versteht Winnicott unter Übergangsphänomen? Er nennt es auch die "dritte Dimension im Leben eines Menschen". Die dritte Dimension ist eine weitere Realität neben der inneren und äußeren Welt, die ein Mensch erleben kann. Sie ist seines Erachtens

---

[6] Autoritätsanalysen wie z.B. von Hochheimer (1983), Koch-Klenske (1990) und Erdheim (ebd.) scheinen eher den patriarchalen Identifikationsprozess zu schildern. Die Untersuchungen ausschließlich weiblicher Interaktionen wie Darstellungen über Mütter-Töchter-Beziehungen erfassen nur begrenzt das wirkliche Geschehen (vgl. Boynton/Dell 1997 und Oelker 1994). Anregende Ausführungen für mich waren hierzu Arbeiten von Mary Daly (1991) und Erich Neumann (1994).

"... ein Bereich, der nicht in Frage gestellt wird, denn er begründet seinerseits keinen Anspruch, es sei denn den, daß er als Ruheplatz für das Individuum vorhanden sein muß, wenn es mit der lebenslänglichen menschlichen Aufgabe beschäftigt ist, die innere und äußere Realität getrennt und dennoch miteinander verknüpft zu halten" (ebd., S. 302).

Praktisch ist der Raum eine Illusion und hat deswegen Ähnlichkeit mit illusionären Erfahrungen aus Kunst und Religion. So wie laut Winnicott das Kind für seine Ich-Entwicklung Übergangsobjekte bzw. -phänomene braucht, behaupte ich, dass Studentinnen ebenso solche benötigen, um Ich-Entwicklung und einen Ort wissenschaftlicher Kreativität zu erfahren. Übergangsobjekte wie -phänomene stellen diesen Raum mit her. Mit anderen Worten: Dozentinnen lehren die dritte Dimension, wenn sie Übergangsphänomene schaffen oder bewusst Übergangsobjekte werden, mit denen sich die Studierenden auseinandersetzen. Die innere Realitätswahrnehmung könnte auf der konkreten Ebene so aussehen, wie eine Krankenschwester ihre ehemalige Ausbildungsleiterin beschreibt:

"Wir angehenden Schwestern wurden von einer Schulschwester angeleitet, die in ihrem Beruf aufging und sich sehr um uns Schülerinnen kümmerte. ... Sie nahm mir meine Hemmungen während des Unterrichts und die Unsicherheit, die mich ständig verfolgte. ... es war eine solche schwärmerische Zuneigung, die mich die Schwere des Tages vergessen ließ und mir Mut und Kraft gab" (Neumann 1996, S. 41).

Als Übergangsobjekte verlebendigen Dozentinnen feministische Theorie. Beschreibt Schick (1988), wie phantastisch und tatsächlich sie von Studierenden wahrgenommen wird, und wie die Unterschiede zwischen Fremd- und Selbstwahrnehmung aussehen, will der Begriff Übergangsobjekt das zeigen, was "zwischen primärer Kreativität und Wahrnehmung" (Winnicott 1994, S. 306) geschieht. Ein Übergangsobjekt schafft Raum für Prozesse, in denen Unterschiede und Ähnlichkeiten zu akzeptieren gelernt wird. Es geht demzufolge um eine Entwicklung, die nicht nur von innen oder nur von außen wahrgenommen wird, sondern in der etwas Neues mit dem Individuum und seiner Weltapperzeption und Perzeption geschieht. Buber nennt diesen Bereich das "Ich-Du" oder das "Zwischenmenschliche". Bei der (zwischenmenschlichen) Umfassung spielt das Selbst der PädagogInnen infolgedessen eine konstituierende Rolle. Der Autor beschreibt aufgrund seiner ethischen Haltung das Phänomen nicht genauer. Da seines Erachtens auch Gott einen entscheidenden Teil beim zwischenmenschlichen Geschehen trägt, darf sich der

Mensch kein Bild darüber machen. Denn täte er dies, machte er den "Zögling" zum Objekt, das er pädagogisch instrumentalisieren will[7].

Dennoch stimmen die Analysen von Winnicott und Buber darin überein, dass für ein fruchtbares Interagieren in der dritten Dimension die Hingabe der Lehrenden und Lernenden unentbehrlich ist. Buber stellt fest: "Es kommt nicht auf das Erlernbare, es kommt auf die Hingabe ans Unbekannte an" (Buber 1922, S. XXXIX).

Winnicott sagt in dieser Hinsicht Folgendes: Hingabe ist eine "... sensible und aktive Anspannung an die Bedürfnisse ..., die zu Anfang absolut sind ..." (Winnicott 1994, S. 114f).

Die geforderte Hingabe kann für Frauen als Lehrende jedoch in eine Sackgasse führen, wie Schick bei der Selbstanalyse ihres außergewöhnlichen Engagements in der Lehre als Feministin beschreibt:

> "Ist diese Ausnahme (ein Lehrkörper, der persönliches Engagement zeigt) dann auch noch eine Frau – wie ich –, so amalgamisiert sich das eben genannte Phänomen leicht mit dem Mythos des weiblichen = mütterlichen ‚Wesens' (Sozialcharakters), in dem bedingungslose Zuwendung und grenzenloses Verstehen hervorstechende Merkmale (Zuschreibungen) sind" (Schick 1988, S. 4).

Schiek möchte keine "Berufsmutter" sein und als berufstätige Frau nicht das "ewig Mütterliche" verkörpern. Dennoch will sie an Tugenden wie Hilfsbereitschaft und Einfühlungsvermögen als "allgemein menschliche" festhalten. Damit stehen alle empathisch lehrenden DozentInnen vor dem Dilemma zwischen den studentischen Erwartungen "bedingungsloser Unterstützung" und unbedingtem Interesse: "Immer wieder müssen die bei mir Studierenden es lernen – und ich zum Teil auch –, daß die Unbedingtheit meines Interesses an ihnen nicht zu verwechseln ist mit Bedingungslosigkeit" (Schiek 1988, S. 3).

Eine Möglichkeit, mit dem Problem umzugehen, könnte die Wahrnehmung sein, Lehrende als Übergangsobjekte zu begreifen. Der feministische oder auch humane Raum, den Schiek hier schafft, ist die dritte Dimension, die laut Winnicott nicht in

---

[7] Psychoanalytisch betrachtet bleibt unklar, inwiefern Buber sich nicht mit seinem eigenen Vater und dem patriarchalen Autoritätsverhältnis im Judentum auseinandersetzen will. Lévinas scheut vor dieser Analyse nicht zurück und weiß, dass er seine Ethik verrät. Er kommentiert sein Philosophieren folgendermaßen: "Doch der Philosoph muß auf die Sprache zurückkommen, um das Reine und Unsagbare zu übersetzen – und sei es auch nur, indem er es verrät" (Lévinas 1989, S. 97).

Frage gestellt wird und von der Anstrengung, "die innere und die äußere Realität zueinander in Beziehung zu setzen", befreit (Winnicott 1994, o.S.).

Leider meint der Autor jedoch, dass subjektive Phänomene objektiv nicht analysiert werden können, weil das Teilen persönlicher Zwischenbereiche nur *ohne* Ansprüche, d.h. freiheitlich gelingt. Ich gehe jedoch davon aus, dass der beschriebene Zwischenbereich des Erlebens Teil wissenschaftlicher Arbeit ist. Dabei bilden Lehrende "Übergangsobjekte und Übergangsphänomene", die, wie schon genannt, zum Bereich kreativer Illusion bis zur Selbsterfahrung gehören. Zudem glaube ich, wenn in der Universität Angebote zur Bildung von Illusionen stattfänden, Desillusionierungen, sprich Aufklärung, besser ertragen werden könnten: "Entwöhnung setzt erfolgreiche Fütterung voraus, und Desillusionierung setzt voraus, daß Gelegenheit zur Bildung von Illusionen vorhanden war" (Winnicott 1994, S. 116).

Unter Illusion versteht Winnicott die "selbsterschaffene Phantasiewelt". Dazu gehört für mich auch der reale Idealismus im Feminismus. Um diesen Idealismus geht es in der Interaktion zwischen der Dozentin als feministischem Übergangsobjekt und den Studierenden. In Bezug auf Butlers Analysen (1997) könnte diese Interaktion ein Raum ohne "illocutionary speech acts", d. h. ohne patriarchale Rituale sein. Demnach wäre eine feministische *Übergangs-Interaktion,* eine Interaktion mit einem feministischen Übergangsobjekt, ein Ort des "linguistic survival", wo Frauen jenseits des patriarchalen Sprachrahmens ihre eigene Stimme finden (vgl. Muth 1997). Dabei scheint die Verbindung zwischen den gesprochenen Worten und dem die Worte hervorbringenden Körper problematisch zu sein. Denn eine sprachliche *Bewegungs-Schwierigkeit* ist laut Butler der Leib, der schweigt, aber nicht vergessen kann. Sie bezieht sich auf Elaine Scarry (1985), wenn sie sagt: "... the body is not only anterior to language,... the body's pain is inexpressible in language, that pain shatters language, and that language can counter pain even as it cannot capture it" (Butler 1997, S. 6).

Für die Autorin ergibt sich daraus die Frage, ob überhaupt eine machtlose und nicht-verletzende, d. h. humane Sprache existiert. Sie verneint und fragt sich, wie Subjekte dennoch ihre Sprache für ihr Leben finden können. Die Suche danach nennt Butler die "theory of the performativity of political discourse" (Butler 1997, S. 40). Praktisch geht es um die "resignification of speech". Notwendig sind dafür die Öffnung neuer Kontexte, Sprechweisen zu praktizieren, die niemals legitimiert waren und gleichzeitig neue und zukünftige Legitimationsformen schaffen. Übertragen auf

die Funktion von feministischen Übergangsphänomenen heißt dies, die kreative dritte Dimension mit Worten zu füllen, sie zu teilen, Anschuldigungen des Verrücktseins
aufzunehmen und mit ihnen zu spielen.

Nichts anderes zeigt sich meines Erachtens in den anfangs dargelegten Feedbacks
der Studierenden. Doch ist Winnicotts Auslegung des Übergangsphänomens, mit
Vorsicht anzuwenden. Denn seine Beschreibungen bestehen auch aus "illocutionary
speech acts". Die Kreativität, die er schaffen will, muss seines Erachtens in psychoanalytischen Kategorien zu fassen sein. Was im Bereich der Illusion eine Nähe zur
Verrücktheit hat, kann seines Erachtens intersubjektiv nicht nachvollzogen werden.
Deshalb könnten die Aussagen der Studierenden "verrückte" Realitäten sein. Das
Neue, wie es z.B. auch der Feminismus war, wird abgewertet, weil es möglicherweise "verrückt" ist. Übertragen auf die Theorie der Übergangsphänomene bedeutet dies, dass Dozentinnen, die riskieren, ihre Stimme zu erheben, allenfalls wider-
sinnig erscheinen, wenn sie Übergangsinteraktionen provozieren, ohne patriarchale
Antworten darauf zu haben.

Der interaktive Weg zur eigenen Sprache

Ich widerspreche, wenn Winnicott meint, dass es ausreicht, "... den Zwischenbereich zu genießen, ohne Ansprüche zu stellen ..." (Winnicott 1994, S. 317). Ein solches Verhalten könnte feministischen Dozentinnen unterstellen, dass sie weder
konkrete Erwartungen an die Haltung der Studierenden noch wissenschaftliche Ansprüche hätten. Paradoxerweise würden feministische Erkenntnisse dadurch un-
sichtbar und unteilbar. Das, was der genannte Autor als dritte Dimension beschreibt, die nur Verrückte verobjektivieren wollen, vernichtet feministische Utopie. Hier gilt es, mutig zu sein und eigenverantwortlich die Sicherheit der Sprach-
welt zu verlieren (vgl. Butler 1997). Dies ist nach Butlers Ansicht deswegen gar
nicht so schwierig, weil ein sprachliches Übergangsvokabular schon existiert. Denn
hinter der Unsicherheit verbirgt sich eine "injurious language". Der Schritt zum
"Aufstand" ist mit dem Bewusstwerden der verletzenden Sprache nicht (mehr) weit:
"Insurrectionary (aufständisch) speech becomes the necessary response to injurious
language, a risk taken in response to being put at risk, a repetition in language that
forces change" (Butler 1997, S. 163).

Dieses Risiko sind die Studentinnen mit ihren dargelegten Texten eingegangen. Ich bin dankbar für ihr couragiertes Herz. Sie *performieren* eine neue und ersehnte Form von Menschlichkeit, die Lévinas (1989) mit "Offenheit" gleichsetzt:

> "Es ist nicht mehr das Geschehen des Seins, das sich auftut, um sich zu zeigen, es ist nicht das Bewußtsein, das sich der Gegenwart des offenen und ihm anvertrauten Seinsgeschehens öffnet. Die Offenheit, das ist die Entblößung der Haut, die der Verwundung und der Beleidigung ausgesetzt ist. Die Offenheit, das ist die Verwundbarkeit einer Haut; sie wird in der Beleidigung und Verwundbarkeit dargeboten über all das hinaus, was sich vom Seinsgeschehen dem Erfassen und der Zelebration aussetzen kann" (Lévinas 1989, S. 93).

Das Zeigen studentischer bzw. der eigenen Verwundbarkeit fordert die Verantwortung der Lehrenden heraus. Als feministische Übergangsobjekte sind wir DozentInnen für studentische Verantwortung mit-verantwortlich. Mit anderen Worten: Die Rückmeldung der Studierenden zeigt, dass eine "Annäherung des Antlitz" (Lévinas 1996, S. 72f.) geschah. Dafür existieren keine explizite Didaktik, sondern bestenfalls ethische Begriffe. Die kreative Formulierung eigener Wahrnehmung ist infolgedessen Ausdruck von Subjektivität, die durch "Verantwortlichkeit als Verantwortung für den *Anderen"* (Lévinas 1996, S. 72) geschieht:

> "... das heißt als Verantwortung für das, was nicht meine Sache ist oder mich sogar nichts angeht *(ne me regarde pas);* oder auch gerade für das, was mich etwas angeht *(me regarde),* dem ich mich als einem Antlitz annähere" (ebd.).

Die Aussagen der Studierenden zeigen ihren Mut, sich ihrer Subjektivität bewusst werden zu wollen, ihr Sein zu begreifen, jenseits des Reproduzierens patriarchaler Erwartungen der Hochschule. Damit teilen sie und ich nicht nur eine Illusion, sondern auch eine Verwundbarkeit, deren gesunder Stolz Humanität widerspiegelt: Emotionale Verbundenheit wird sichtbar. In ihr zeigt sich etwas, was Hochschullehrerinnen laut Schick nicht wahrhaben wollen, "... weil emotionale Beziehungen an der Hochschule entweder verpönt, ignoriert, angstvoll vermieden werden oder aber sich im Verborgenen abspielen" (Schiek 1988, S. 238).

Schiek fordert auf, die Studierenden zu lieben. Sie ist sich ihres Pathos bewusst und versteht konkret darunter eine "positive, liebevolle Grundhaltung", die mit "Verantwortung für sich selbst und das Gegenüber" verbunden ist. Eine solche Haltung können DozentInnen entwickeln, indem sie ihre eigene Person als "Hauptarbeitsinstrument" begreifen. Dazu gehört die "Arbeit an der eigenen Person". Hierfür ist

Mut und Selbst-Verantwortung notwendig. Sie können sich in persönlichen Beziehungen – auch universitären – performieren.

Literatur

Bly, Robert: Eisenhans. Ein Buch über Männer. München 1993.

Boynton, M./Dell, M.: ... Tochter sein dagegen sehr. Wie die Beziehung zur Mutter erwachsen werden kann. Solothurn/Düsseldorf 1997.

Brück, Horst: Vorwort. In: SCHIEK, Gudrun: Die Innenseite des Lehrbetriebs. "Liebe Frau Professor ...!" Briefe von Studierenden an ihre Hochschullehrerin. Baltmannsweiler 1988, S. V-VII.

Buber, Martin: Ich und Du. Stuttgart [11]1995 (Heidelberg 1983).

Buber, Martin: Reden über Erziehung. Heidelberg [7]1986.

Buber, Martin: Der große Maggid und seine Nachfolge. Frankfurt a.M. 1922.

Butler, Judith: /Excitable Speech/ A Politics of the Performative. New York/London 1997.

Daly, Mary: Gyn/Ökologie. Eine Metaethik des radikalen Feminismus. München [5]1991.

Erdheim, Mario: Die gesellschaftliche Produktion von Unbewußtheit. Eine Einführung in den ethnopsychoanalytischen Prozeß. Frankfurt a.M. 1984.

Hochheimer, Wolfgang: Die permanente Reproduktion der autoritären Persönlichkeit. Zur Problematik der Erziehungsmechanismen und sozialen Kontrollen in der organisierten Gesellschaft. In: Bast, Heinrich u.a. (Hg.) (Arbeitsgruppe Kinderschutz): Gewalt gegen Kinder. Kindesmißhandlungen und ihre Ursachen. Reinbek bei Hamburg 1975, S. 155-196.

Horton, Paul G: Solace. The Missing Dimension in Psychiatry. Chicago/London 1981.

Koch-Klenske, Eva: Bevor wir die Verhältnisse zum Tanzen bringen, müssen wir selber den Reigen beginnen ... Über das Lernen in Frauenseminaren und unser Ringen um Identität. In: Nölle-Fischer, Karen/Willkop, L. (Hg.): Eigenmächtig. Entwürfe gegen den Zeitgeist. München 1990, S. 173-195.

LaPlanche, Jean/Pontalis, Jean-Bertrand: Das Vokabular der Psychoanalyse. Frankfurt a.M. [12]1994.

Lévinas, Emmanuel: Ethik und Unendliches: Gespräche mit Philippe NEMO. Wien [3]1996.

Lévinas, Emmanuel: Humanismus des anderen Menschen. Hamburg 1989.

Macha, Hildegard/Klinkhammer, Monika (Hg.): Die andere Wissenschaft: Stimmen der Frauen an Hochschulen. Bielefeld 1997.

Muth, Cornelia: Erwachsenenbildung als transkulturelle Dialogik. Schwalbach/Ts. 1998.

Muth, Cornelia: Wissenschaftlerinnen und Studentinnen im Dialog mit ihrer Körpersozialisation. In: Macha, Hildegard/Klinkhammer, Monika 1997, S. 187-195. Wiederabdruck in diesem Band.

Neumann, Christel: ... allen, die ihr anders seid, auch euch gebührt die Zweisamkeit. In: Karstadt, Christina/Zitzewitz, Annette von (Hg.): ... viel zuviel verschwiegen. Eine Dokumentation von Lebensgeschichten lesbischer Frauen aus der Deutschen Demokratischen Republik. Berlin 1996, S. 41-52.

Neumann, Erich: Die große Mutter. Eine Phänomenologie der weiblichen Gestaltungen des Unbewußten. Solothurn/Düsseldorf [10]1994.

Oelker, Petra: Neue Mütter – neue Töchter. Von der Kunst, über den eigenen Schatten zu springen. München 1994.

Olivier, Christiane: Jokastes Kinder. Die Psyche der Frau im Schatten der Mutter. Düsseldorf [7]1988.

Scarry, Elaine: The Body in Pain. Making and Unmaking of the World. New York 1985.

Schiek, Gudrun: Die Innenseite des Lehrbetriebs. "Liebe Frau Professor ...!" Briefe von Studierenden an ihre Hochschullehrerin. Baltmannsweiler 1988.

Schmitz, Enno: Erwachsenenbildung als lebensweltbezogener Erkenntnisprozeß. In: Hoerning, Erika M./Tietgens, Hans (Hg.): Erwachsenenbildung: Interaktion mit der Wirklichkeit. In memoriam Enno Schmilz. Bad Heilbrunn 1989, S. 48-75.

Winnicott, Donald W.: Von der Kinderheilkunde zur Psychoanalyse. Aus den Collected Papers'. Frankfurt a.M. [2]1994.

Wissenschaftlerinnen und Studentinnen im Dialog
mit ihrer Körpersozialisation[1]

Während der Aufbauphase eines deutsch-deutschen Sport- und Kommunikations-
zentrums für Mädchen und Frauen von 1990 bis 1992 in Berlin(Ost) entdeckten
ost- und westdeutsche Wissenschaftlerinnen, welche Gemeinsamkeiten das wissenschaftliche Leben von Frauen in den alten und neuen Bundesländern hat: ihre dualistische Haltung zum Körper, die sich nicht nur in Sport und Bewegung ausdrückt,
sondern auch in der Gewinnung von Erkenntnissen: Kopf und weiblicher Körper
werden voneinander getrennt, was langfristig die Entfremdung vom eigenen (ganzheitlichen) Selbst der Frauen bedeutet. So entledigen sich nicht wenige Wissenschaftlerinnen ihres Körpers, der eigentlich keine Rolle für geistiges Arbeiten spielen soll, indem sie Körpersignale übergehen, körperliche Grenzen überschreiten
und sich schließlich von ihrer eigenen Stimme und Sprache entfernen.
Am offensivsten belegt diese gemeinsame Ost-West-Erkenntnis Hedwig Ortmann,
wenn sie ihren Weg in die Wissenschaft beschreibt:

> "Ich sah meine akademische Welt, in der auch die Frauen den Weg gingen, den die
> Männer vor ihnen gegangen waren: den Weg in eine Intellektualisierung, die den Körper
> negiert und die Gefühle als lästige Störfaktoren betrachtet; ich spürte die affektlose Spra-
> che, hinter der sich Angst und Unsicherheit verbargen und nur ein Zittern der Finger et-
> was von dem wahren Zustand des Organismus offenbarte." (Ortmann 1993: 25).

Ortmann beschreibt sehr eindringlich, wie sie durch gesundheitliche Krisen einen
anderen Weg zu ihrer eigenen Stimme wiedergefunden hat.
Auf das Behalten bzw. den Verlust der eigenen Stimme weisen auch Brown und
Gilligan in ihrer empirischen Untersuchung über 'Wendepunkte in der Entwicklung
von Mädchen und Frauen' hin (Brown/Gilligan 1994). Sie rekonstruieren, wie es
dazukommt, dass erwachsene Frauen ihre eigene Stimme aufgeben. Eine Ursache
ist u. a. die geringe Unterstützung, die sie während ihres Weges zur Frau in der
Mädchenzeit erfahren, um ihren Stimmen Raum und Aufmerksamkeit geben zu

---

[1] Erstveröffentlichung als "Wissenschaftlerinnen und Studentinnen im Dialog mit ihrer Körpersozialisation", in: Macha, H./Klinkhammer, M. (Hg.): Die andere Wissenschaft. Stimmen von
Frauen an Hochschulen, Bielefeld 1997, 187-195. Wiederabdruck mit freundlicher Genehmigung.

können. Stattdessen durchlaufen Mädchen eine Sozialisation, in der ihnen die Erziehungs- und Bildungsinstanzen unbewusst und bewusst beibringen, sich selbst weniger wichtig zu nehmen und in erster Linie ihr Verhalten darauf auszurichten, Anderen zu gefallen. Diese Situation führt Mädchen und später Frauen dazu, authentische Beziehungen zu verlassen und persönliche Kontakte zu idealisieren. Eine Folge davon ist der Aufbau einer Scheinwelt und -persönlichkeit, bei gleichzeitigem Realitätsverlust gegenüber der Wahrnehmung des körper-persönlichen Selbst.

Damit einher, so betonen die beiden Wissenschaftlerinnen, geht ein Wissensverlust, der sich im Nicht-Wissen über eigene Stärken und Konfliktfähigkeiten ausdrückt. Das Resultat äußert sich dann in einem Circulus vitiosus: ohne Beziehung keine Stimme, ohne Stimme kein Selbst, ohne Selbst kein Bewusstsein, ohne Bewusstsein keine Durchsetzungsfähigkeit, ohne Durchsetzungsfähigkeit keine (politische) Macht, ohne Macht über das eigene (Gefühls-) Leben keine authentische Beziehung und ohne authentische Beziehung **keine Stimme**. Brown und Gilligan schlagen zur Brechung dieses Zirkels ein 'Miteinander an der Wegkreuzung' vor:

> „Im Gegensatz zu dem Mord an der Wegkreuzung, der für die Ödipus-Geschichte charakteristisch ist und sie zu einer Geschichte über die Beziehungstaubheit und Beziehungsblindheit macht – nämlich Ödipus' Bedürfnis, nicht zu wissen, was er eigentlich doch weiß (daß sein Ärger zum Mord und seine Liebe zum Inzest geführt hat) –, bieten wir die Vision an, daß Frauen und Mädchen an der Wegkreuzung der Adoleszenz sich in einem Miteinander in Beziehung zueinander begeben, so daß es sowohl für die Mädchen als auch für die Frauen möglich wird, in Beziehung zu bleiben und auszusprechen, was sie wissen" (ebd.: 241).

Diese Vision gilt meiner Meinung nach nicht nur für die Zeit der Adoleszenz, sondern für die ganze Lebenszeit einer Frau. Denn auch erwachsenen Frauen muss jederzeit die Möglichkeit offen sein, aus ihren (noch) idealisierten Beziehungen in ein echtes 'Miteinander in Beziehung zueinander' zu verwandeln, damit das Finden der eigenen Stimme in authentischen Beziehungen ermöglicht wird.

Indirekt machen Gilligan und Brown diese Aussagen auch über sich selbst als Wissenschaftlerinnen: die erste Phase ihrer Untersuchung scheitert, weil die Mädchen den Forscherinnen kein Vertrauen schenken. Sie fühlen sich von diesen nicht ernst genommen. Die nicht vorhandene Authentizität der Wissenschaftlerinnen zu ihrem Forschungsobjekt 'Mädchen' stellt sich in den Vordergrund und zerstört ein echtes Miteinander und ehrliches Gespräch. Ein ähnliches Phänomen zeigt sich auch in den Beziehungen zwischen den Mädchen und den Lehrerinnen. Deren Ambitionen, 'perfekte Rollenmodelle' für die Mädchen zu sein, verhindert den Kontakt mit den Mädchen. Diese werfen sowohl den Forscherinnen als auch den Pädagoginnen vor, sich nicht selbst einzubringen. So müssen die erwachsenen Frauen feststellen, dass sie auch nicht ihre eigene Stimme benutzen, um in Beziehung zu treten, und entdecken das 'alte' Sozialisationsschema: um der Beziehung willen verstellen sie sich. Doch diese Haltung, so erkennen sie, verwehrt schließlich den Prozess politischer Veränderung, d. h. auch für den von Wissenschaftlerinnen, wenn sie sich von den patriarchalen Strukturen des weiblichen Gefallens beim Forschen lösen wollen.

Hier treffen sich Aussagen von Lyn Brown, Carol Gilligan und von Christiane Olivier. Die letztere sagt, dass Frauen erst wirklich schreiben können, wenn sie nicht mehr gefallen und um jeden Preis die alte väterliche Gunst bekommen wollen. Ihrer Meinung nach gibt es einen „Zusammenhang zwischen dem 'Gefallen' und dem 'Wissen', zwischen der 'Objekt-Frau' und der 'Intellekt-Frau'" (Olivier 1988: 88). Sie weist zusätzlich darauf hin, wie intellektuelle Frauen, Wissenschaftlerinnen z.B., ständig dem gesellschaftlichen Ideal, das aus dem Gleichgewicht beider Frauenbilder besteht, unterliegen. Olivier setzt ebenso wie Brown und Gilligan auf die Aufwertung und Akzeptanz unterstützender weiblicher Beziehungsnetze:

> "Wenn Frauen und Mädchen sich zusammen dagegen wehren, die Beziehung um der 'Beziehungen' willen aufzugeben, dann liegt in dieser Begegnung das Potential für eine soziale und kulturelle Veränderung" (Brown/Gilligan 1994: 256).

Setzen zur (Wieder-) Erlangung der eigenen Stimme Brown und Gilligan den Schwerpunkt auf die Quelle von authentischen Beziehungen, so stellt Olivier als anderes Potential den ganzen Körper und nicht nur die Stimme von Mädchen und Frauen in den Vordergrund. Sie stellt bei Frauen eine generelle Entfremdung vom eigenen Körper fest:

> "Dies (der Kunstgriff nach Lippenstift, Absätzen, Handtasche etc. – Anmerkung der Autorin) ist der Ursprung der permanenten 'Entfremdung' der Frau von ihrem eigenen Körper. Sie hält es immer für nützlich, hier und da zu mogeln, um als Frau akzeptiert zu werden; ihr tatsächliches Geschlecht reicht nicht aus, es muss noch etwas hinzukommen" (Olivier 1988: 8 1).

Diese Aufnahme des Körpers in der feministischen Diskussion ist nicht neu. Schon im sechsten Jugendbericht von 1984 über die Verbesserung der Chancengleichheit von Mädchen in der BRD zeigt Helga Krüger den großen Einfluss von Körperkonzepten, die Mädchen in ihrer Identitätsentwicklung bzw. Sozialisation verinnerlichen. Inwiefern diese Sozialisationsinstanz vernachlässigt worden ist, untersucht Klaus Hurrelmann, wenn er den Zusammenhang von Sozialstruktur und Persönlichkeit diskutiert. Er sagt, dass es einer Ergänzung bisheriger Sozialisationstheorien bedarf, „... die die Entwicklung des Köpers in Abhängigkeit und in Auseinandersetzung mit sozialen und ökologischen Umweltbedingungen zum Thema machen." (Hurrelmann 1993: 277)

Was bedeuten diese Ausführungen für Wissenschaftlerinnen? Sie weisen auf die dualistische Lebensweise hin, die Wissenschaftlerinnen aufrecht erhalten, wenn sie sich mit der bisherigen männlichen Gestalt des Wissenschaftslebens identifizieren. Denn bleiben Wissenschaftlerinnen diesem Habitus verhaftet, so setzen sie die abendländisch-christliche logozentrische Tradition fort, die sich in Trennung zwischen Geist und Körper ausdrückt, und vergessen dabei, dass der beim geistigen Arbeiten nicht wahrgenommene Körper kein gesellschaftsloser Teil ihrer Identität als Frau ist. Dieser bestimmt auch ihr Leben als Frau und somit auch ihr wissenschaftliches Handeln, das seinen Ausdruck ohne Hand, Sprache und Stimme und Gefühle nicht finden wird. Und wollen (wir) Wissenschaftlerinnen den eigenen Weg finden, so kann er meines Erachtens nicht der gleiche sein, den die meisten Männer und Frauen gehen: sie schließen **die** Aspekte aus ihrem Diskurs aus, der ihnen als weiblicher Teil der Welt erscheint: sie trennen Körper und Geist. Olivier warnt davor, sich ausschließlich der Sprache der Vater zu unterwerfen, weil sie eine vom ödipalen Konflikt belastete ist und nur in der Rolle der machtvollen und abgewerteten Mutterrolle für Frauen besetzt ist:

> „Da die Sprache seit Jahrtausenden im Bereich des Mannes ist, trägt sie die Spuren der Analschlacht mit der Mutter, und sie birgt die Furcht vor der Annäherung an alles, was weiblich ist, in sich, an alles, was mit dem Körper zu tun hat und was die Erinnerung an die 'Symbiose' mit ihr wachruft" (Olivier 88: 169f.).

Wie der Weg über den Körper und die Aufhebung der entfremdeten Beziehung mit ihm zu einem eigenen und selbstbestimmten Leben gelingen kann, möchte ich anhand von Beispielen studentischer Erfahrungsberichte aus meiner eigenen feministischen Lehre, letztlich der ersten Ausbildungsphase für Wissenschaftlerinnen, zeigen.

Seit Anfang der 90er Jahre habe ich mit meiner pädagogischen Kollegin Barbara Kühn und seit 1994 allein Frauenseminare am Fachbereich Politische Wissenschaft durchgeführt, die weibliche Körpersozialisation bewusst als thematischen Schwerpunkt haben. Das Handlungskonzept ist gestaltpädagogisch ausgerichtet und geht von folgendem Menschenbild aus:

> „Der Mensch ist ein Leib-Seele-Geist-Subjekt in einem sozialen und ökologischen Umfeld, mit dem er in einem unlösbaren Verband steht. In Interaktion mit diesem Umfeld gewinnt er seine Identität" (Petzold/Brown 1977: 25).

Meine Kollegin und ich haben diese Definition feministisch umgewandelt und sagen, dass insbesondere Frauen durch gesellschaftlich-patriarchale Strukturen u. a. körperliche Einschränkungen erfahren. Ziel unserer bzw. meiner Seminare war und ist, den Kontakt zum eigenen weiblichen Körper in Verbindung mit Identitätsfragen wie 'Wer bin ich als Frau? Wie lebe ich? Welche Beziehung habe ich zu meinem Körper? Welche Bedürfnisse und Wünsche habe ich?' bewusster zu gestalten (vgl. Kühn/Muth 1991: 144ff.; Muth 1997a; 1997b).

Ausschnitte aus den Berichten von 1991/92, in denen die Studentinnen ihre praktischen Erfahrungen mit unserem Konzept schildern, sollen die Problematik der dualistischen und dialogischen Verbundenheit zwischen Körper und Intellekt dokumentieren. Eine Studentin berichtet folgendermaßen:

> „... Dieser Vormittag war dann von den Körperübungen geprägt, die mir unheimlich gut getan haben, was meiner Meinung nach allen anderen ähnlich gegangen ist. Ich war erstaunt darüber, daß solch eine gute Stimmung aufkam, obwohl wir wahnsinnig viele Frauen waren. Ich ließ mich ein bißchen treiben, von einer Körperübung zur nächsten, und vergaß das Nachdenken fast völlig. Ich merkte dies nicht bewußt, aber ich empfand es als sehr angenehm, in diesem Rahmen und mit anderen Frauen mich nicht dauernd zu jagen, was ich nämlich ansonsten permanent mache. ... Dann kam dieser doch recht plötzliche Bruch, der sich für mich hauptsächlich in der Stimmung der Gruppe zeigte ... dann stellte Conny die Frage, ob Geben und Nehmen ein Thema ist. Ich habe mich mit dieser Frage völlig überfahren gefühlt, ich konnte mir nicht vorstellen, daß wir jetzt in diesem riesigen Raum über dieses Thema diskutieren wollten. Das unangenehme Schweigen darauf habe ich so interpretiert, daß es den anderen Frauen auch nicht anders ging als mir. Ab diesem Punkt wurde das Seminar schwierig für mich, ich konnte nicht mehr nachvollziehen, was eigentlich los war, in mir selbst begann es durcheinander zu wirbeln."

Der weitere Ausschnitt einer anderen Studentin zeigt noch einmal das trennende Verhalten zwischen Geist und Körper. War das Einlassen mit dem Körper 'erfolgreich' für das Miteinander, so verhinderte der Geist diesen Prozess:

"... Bis zu diesem Wochenendseminar hatte ich erhebliche Zweifel an der Wirksamkeit von Körperarbeit ... Um so überraschter war ich, als ich feststellte, daß ich mich als Teilnehmerin auf diese Methode einlassen konnte – daß die 'erfolgreich' war: Im Verlauf der Übungen traten meine persönliche Probleme immer stärker in den Hintergrund. Ich war in der Lage, mich auf meine Person und die anwesenden Frauen zu konzentrieren und hatte das Gefühl, daß sich eine offene und relativ vertrauensvolle Atmosphäre einstellte. ... Die differenzierte Fragestellung ... und Cornelias Forderung ... führten bei mir zu einem sofortigen Umschalten auf Kopfarbeit. Plötzlich waren wieder Begriffe wie Leistung und sich positiv darstellen aktuell, Abgrenzung notwendig und die 'Angst' vorhanden, aufgrund von unreflektierten oder nicht differenzierten Antworten von den anderen Frauen in eine bestimmte Schublade gesteckt zu werden."

Eine ähnlich erlebte Diskrepanz zeigt die Schilderung einer dritten Studentin:

"... Nach einer kurzen Begrüßung und Einführung begannen wir mit Körperübungen, die mich sehr begeisterten. ... Cornelia thematisierte nach diesen Übungen das Verhältnis von Geben und Nehmen. Es breitete sich eine Mischung aus Verunsicherung und Unverständnis in der Gruppe aus. Wir waren überrascht und fragten uns, weshalb gerade dieses Thema zu diesem Zeitpunkt angesprochen wurde."

Inwiefern durch körperorientierte Experimente körperliches Geben und Nehmen mit 'Worte geben und nehmen', d. h. Stimme haben und hören, gleichgesetzt werden kann, war sehr schwer zu vermitteln. Die nächste Reaktion spiegelt dies wider:

,,... Mit den Übungen zu 'Geben' und 'Nehmen' wurde es mir zu abstrakt – darunter konnte ich mir in Verbindung mit den Übungen wenig vorstellen und machte sie dann halt 'nur so' mit. ... Ich versuchte, eine Verbindung zwischen dem, was mich beschäftigte und dem festgesetzten Thema zu finden und zerbrach mir den Kopf über 'Geben' und 'Nehmen' an der Uni – kam (zu) schnell darauf, daß ich natürlich viel zu viel (Energie) gebe und fast überhaupt nichts rausziehe/nehme aus diesem Studium."

Hatten sich viele auf die von ihnen als kritik- und gesellschaftsfrei gedeutete Körperarbeit eingelassen, so setzten Kritik und Distanz sofort mit dem Beginn von Intellektualisierungen ein. Dass weder der Geist noch der Körper gesellschaftslos, sondern mit Gesellschaft verwoben und zusammen mit ihr Identität bilden, erkannten diejenigen, die sowohl ihrem Körper als auch ihrem Intellekt begegneten:

"... Die Körperübungen befremdeten mich etwas; ich fühlte mich distanziert vom Geschehen, aber war ihm nicht ablehnend gegenüber. ... Was dann wirklich durch die Übungen ausgelöst zum Thema wurde, war Geben und Nehmen. Hier war irgendwo der Punkt, an dem ich das Gefühl hatte, dass ich langsam anfing zu verstehen, war Ihr wolltet, ohne daß ich es schon hätte formulieren können."

Auf den 'Bruch' zwischen den Körperübungen wird in fast jedem der Berichte hingewiesen. Während die körperorientierten Experimente noch (angeblich) normenfrei ausgeführt werden konnten, war das Sprechen und Reflektieren darüber in Verbindung mit weiblichen Identitätstugenden nur begrenzt möglich. Brücken zwischen Körper und feministischem Geist zu bauen, zeigte sich als schwieriges Unterfangen.

Auf größere Offenheit stieß ich bei den Studentinnen im Sommersemester 1995. Eine Studentin formulierte in ihrem Bericht:

„... Man hat nicht einen Körper, sondern man ist der Körper, und alles, was einem widerfährt, sei es auf rationaler Ebene im Kopf oder auf emotionaler Ebene, widerfährt auch dem Körper. Die krummen Dinge, die man täglich tut, obwohl sie vielleicht der eigenen Wesensart widersprechen, für die man sich innerlich verbiegen muß, die den eigenen aufrechten Gang krümmen, spiegeln sich im Körper wider. Die emotionalen Anspannungen, immer so zu sein, wie Eltern, PädagogInnen, Freundinnen, Vorgesetzte usw. es von einem erwarten, um die ersehnte Anerkennung zu erwischen, die einem einfach so als Mensch, für das, was man ist, nicht entgegengebracht wird, hinterläßt im Körper tiefe Spuren."

Eine andere Studentin verstand mein konzeptionelles Vorgehen folgendermaßen:

„... Die Erfahrbarmachung des körperlichen Geprägtseins durch die Umwelt ..., was auch die Entsinnlichung, die Leugnung der Körperlichkeit sein kann, soll der Stärkung weiblicher Identität und des Wunsches nach Selbstbestimmung dienen, was sich zwar auf individueller Ebene abspielt, aber über den Bezug auf die Gesellschaft politisch wirksam werden könnte."

Die Verbindung zwischen Körper und weiblicher Identität beschäftigte ebenfalls eine weitere Studentin:

"... Was ich an dieser Übung besonders bemerkenswert fand war, daß wir anhand dem Thema Füße in einem intensiven Austausch über das Thema, was haben wir für ein Verhältnis zu unserem Körper, welche sog. weiblichen Schönheitsideale setzen uns unter Druck/akzeptieren wir bzw. haben wir verinnerlicht und wie gehen wir damit um, kamen. ... Ich glaube, es gab keine, die ganz und gar mit ihren Füßen zufrieden war ... Die gesellschaftlich genormten weiblichen Schönheitsideale verfolgen uns bis zu unseren Füßen."

Inwiefern gesellschaftliche Normen den Körper und somit die Identität von Frauen bestimmen, zeigen die beiden letzten Abschnitte, die die studentischen Erkenntnisse widerspiegeln:

> "... In der Erarbeitung der eigenen Fußbiographie ging es für mich um die Frage der eigenen Sozialisation zur Frau. Was sind Normen, mit denen ich konfrontiert bin? Inwiefern entspreche oder widerspreche ich diesen Normen. Gerade dieser Part war für mich politisch, denn es ging auch darum, Strukturen von Diskriminierung zu thematisieren."

Die zweite 'Stimme' sagte:

> „... Es drehte sich hierbei um Fragen zu unseren ersten Geherinnerungen ... Dabei stellten wir fest, daß unser Gehverhalten ein Stück weit unsere Identität als Frau ausmacht. Ob und wie wir auftreten, wieviel Raum wir in unserem Leben in dieser Gesellschaft einnehmen, inwieweit unsere Rhetorik durch unsere Körperhaltung geprägt ist, wie sehr wir 'auf eigenen Füßen stehen', um 'hinaus ins Leben zu gehen' bzw. 'mit beiden Beinen fest im Leben stehen', d. h. einen eigenen Standpunkt zu haben, ist sehr von unserem Gang beeinflußt."

Den Zusammenhang zwischen Körper und Erkenntnisprozessen von Subjekten, d. h. also wiederum in meiner Darlegung von Wissenschaftlerinnen, analysiert auch Judith Butler. Auf der Suche nach einer transformierenden Aktivität, die Dualismen überwindet, bestätigt sie, dass nicht nur das Gespräch die Identitäten von Menschen bzw. die Performanz von Sexualität und Geschlechterrollen, sondern auch die jeweiligen Körper bestimmen. Denn ohne Körper gibt es kein Ich. Selbst das, was wir denken, geschieht nicht körperlos. So sind Schreiben und Sprechen ohne Körper unmöglich. Sie analysiert: "Here it is not only a question of how discourse injures bodies, but how certain injuries establish certain bodies at the limits of available ontologies, available schemes of intelligibility" (Butler 1993: 224). Da ihres Erachtens kulturelle Normen den Körper beherrschen, versucht Butler, den Einfluss von Gesellschaft über den Körper auf die Performanz von Geschlecht differenzierter als in bisherigen Darstellungen zu betrachten. In Anlehnung an Eva Kosofsky Sedgwicks Forschungsergebnisse, die der westlichen Erkenntniskultur eine homophobische Ausrichtung vorwirft, stellt Butler ebenso fest, dass sich bei der Thematisierung des Körpers in Verbindung mit Sexualität der heterosexuelle Imperativ im Denken bzw. im Konstruieren von Subjekt und Welt zeigt. Dabei konstruieren Diskurse Subjekte und wiederum Theorien, die von sogenannten Autoritäten durch gesellschaftlich patriarchale Bedingungen und institutionelle Macht bestimmt werden. Unter diesen KonstruktivistInnen vermutet Butler das Phänomen einer "somatophobia" (Butler 1993: 10). Sie stellt fest, wie deren Projektionen auf den Körper von anderen Menschen und deren jeweilige Identifikationen damit über die performierte Geschlechtsidentität entscheiden. Sie zieht dabei eine Verbindung zum Finden eigener Worte als Frau. Denn für sie steht die gesellschaftlich erwartete Körperperformanz in direktem Verhältnis zur Geschlechtsdefinition der Geschlechter:

> „Gender is neither a purely psychic truth, conceived as 'internal' and 'hidden', nor is it reducible to a surface appearence, on the contrary, itst undecidability is to be traces as the play between psyche und appearence (where the latter domain includes what appears in words." (Hervorhebungen im Original) (ebd.: 234)

Gerade weil der Frauenkörper sexualisiert ist, deren praktische Kritik daran für Butler Feminismus ist, muss auch der Körper in Erkenntnisprozessen diskutiert werden. Diesen zu thematisieren, impliziert eine epistemologische Unsicherheit, die ihres Erachtens jedoch wertvoller ist als politischer Nihilismus. Dadurch, dass der Mensch in seiner **Sprache**, und damit im symbolischen Horizont, im durch Stimmen getragenen Gespräch bestätigt wird, gilt es die 'body-interarticulation' auf dem Gebiet von Geschlechterpolitik zu hinterfragen; denn würde der Körper keine Bedeutung haben, hätten auch die von ihm getragenen Worte keine Signifikanz:

> „If the body signified as prior to signification is an effect of signification, then the mimetic or representational status of language, which claims that signs follow bodies as their necessary mirrors, is not mimetic at all." (ebd.: 30)

So ist eines der dialektischen Erkenntnisse von Butler, dass das Finden der eigenen Identität jenseits von dualistisch heterosexueller Weltwahrnehmung nur passieren kann, wenn die eigenen Worte sich mit fremden auseinandergesetzt haben. Ich möchte dieser Erkenntnis für die Praxis hinzufügen, wie wichtig dabei jedoch die Gleichberechtigung der eigenen gegenüber der fremden Stimme ist. Die Beziehung muss dabei eine dialogische sein (vgl. Buber 1992). Dies gilt sowohl für die Beziehung zu den Stimmen der Anderen als auch für die mit dem eigenen Körper. Dialogisch heißt in meiner Argumentation, den Körper als zugehörig zum Selbst zu betrachten und im Selbst zu integrieren. Er steht bei theoretischer Betrachtung in und gegenseitiger Beziehung zum Ich, ist vom Ich akzeptiert und nicht dualistisch abgespalten, was in der dialogischen Haltung praktisch sowieso nicht möglich ist. Denn der Körper ist in der dialogischen Begegnung immer auch das Ich (vgl. Macha 1989). Der gleiche Beziehungsmodus gilt auch für die Begegnungen zwischen den Stimmen von Ost- und West-Wissenschaftlerinnen. Deren Differenzen brauchen nicht als dualistisches Hindernis gesehen zu werden, sondern können dialogisch miteinander verbunden werden.

Literatur

Brown, Lyn M./Carol Gilligan (1994): Die verlorene Stimme: Wendepunkte in der Entwicklung von Mädchen und Frauen, Frankfurt/M.

Buber, Martin (1992): Das dialogische Prinzip, Gerlingen.

Butler, Judith (1993): Bodies that matter: on the discursive limits of "sex". Routledge, New York/London.

Hurrelmann, Klaus (1993): Einführung in die Sozialisationstheorie: Über den Zusammenhang von Sozialstruktur und Persönlichkeit, Weinheim.

Kühn, Barbara/Cornelia Muth (1991): "Und es sieht nicht geturnt aus!" Body-Feeling im Verein, in: Birgit Palzkill/Heide Scheffel/Gabriele Sobiech (Hg.): Bewegungs(t)räume. Frauen Körper Sport, München, 144-153.

Macha, Hildegard (1989): Pädagogisch-anthropologische Theorie des Ich, Bad Heilbrunn/Obb.

Muth, Cornelia (1997a): Auf dem Weg zu einem ganzheitlichen (Körper-)Gewahrsein von Mädchen und Frauen im organisierten Sport, in: Gerd Koch/Gabriela Naumann/Florian Vaßen (Hg.): Ohne Körper geht nichts, Milow (in Erarbeitung).

Muth, Cornelia (1997b/2005): Über dualistische Wahrnehmungen im Fußball von Mädchen und Frauen (war damals in der Erarbeitung geplant für Gerd Koch/Gabriela Naumann/Florian Vaßen (Hg.): Ohne Körper geht nichts, Milow), erschien 2005 unter dem Titel „Mädchen/Frauen/Lesben und sexuelle Orientierung" in Koffi Abah Edem u. a.: Im Vertrauen und in Verantwortung – 10 Jahre dialogische Pädagogik, Stuttgart, S. 61-70.

Olivier, Christiane (1988): Jokastes Kinder, die Psyche der Frau im Schatten der Mutter, Düsseldorf.

Ortmann, Hedwig (1993): Frauenforschung – feministische Wissenschaftskritik – integrales Bewußtsein, in: Zeitschrift für Frauenforschung, 1+2, 22-36.

Petzold, Hilarion/Johanna Sieper (1977): Quellen und Konzepte Integrativer Agogik, in: Hilarion G. Petzold/George I. Brown (Hg.): Gestaltpädagogik – Konzepte der Integrativen Erziehung, München, 14-36.

Body awareness among women within sports organizations[1]

"... and you don't think you're doing gymnastics!"

Introduction

This booklet outlines both the course of activities pursued in our seminars on "Body awareness among women within sports organizations", and the conception behind them. The first part illustrates the practical side of the seminars, whereas the second part deals with the background. While preparing, holding and analyzing the seminars, we received many suggestions and impulses. Some ideas that we have been particularly concerned with are given more space, to allow our readers to develop a better understanding of the overall conception.

We wish to thank everyone who supported this project in word and deed, and we'd like to give our special thanks also to all participants who contributed to the success of our work with their interest, commitment and enthusiasm.

How the project came into existence

On a hot summer's day, two women, Cornelia Muth and Barbara Kühn, met in order to "hatch" – in the heat of the afternoon – the idea of a women-oriented sports and exercise program. One of the women had passed through the "typical" history of a sports club member: when she attended school, taking part in the sports club life and doing sports took up a lot of time and space, and accompanied her through her development from girlhood to womanhood. The other woman had turned her back on sports during puberty. Nothing could entice her to do sports continuously, or to do any exercise at all: neither the sports lessons at school nor the swimming club, nor even the tennis club or her riding lessons.

This leads us to the question of whether there exists a relationship between female socialization and a sports biography. Do the rejection of traditional sports on the

---

[1] In collaboration with Barbara Kühn. **Englische Ersterscheinung** - die Übersetzung wurde vom British Council Berlin finanziert - der Forschungsdokumentation BODYFEELING IM VEREIN „... und es sieht nicht geturnt aus!", Limone Druck, (Landessportbund) Berlin 1990, 32 Seiten.

one hand and immersing oneself in sports activities and sports clubs on the other have anything in common?

There was one thing that brought us together again several years later, even though we had led different lives: it was our enthusiasm for feminist educational work. Our bias in favor of women evolved from our criticism of the social standards by which women and men are functionalized, and valued in a very different manner. After a lot of discussions on many an autumn and winter day, we felt ourselves in a position to invite women and girls to our seminars in the educational institution of the youth sports organization. Our conception combines both having fun while doing exercise, and familiarizing oneself more consciously with one's own body. We think that no exercise should be done only for the sake of it. It is not our aim to form fit, beautiful and functioning women, adapted to a fast and hectic world which demands that women should be forever young, and have a styled body. What we have in mind is to help women and girls find a positive attitude towards themselves by doing exercise with their body and soul.

Practice report

"... and you don't think you're doing gymnastics!"

Women among women

Body awareness, a seminar only for women. What for? To provide a niche, a protective area, playspace? Perhaps it is a little bit of each. Our group of participants is as unequal as we desired: the participants vary between young and middle-aged, tall and small, fat and thin, long-haired and short-haired, married and living alone. Mothers, students, apprentices, pupils and working women of various professions meet in the rooms of the youth sports organization. The atmosphere is characterized by tolerance and openness. The women are creating their own intimate working conditions. Despite their differences, they find that they have a lot in common and get an insight into ways of living as yet unknown to them. Their curiosity of each other stands in the foreground, not a struggle for results which should be judged. Most of the participants find the composition of the group pleasant and enriching.

Since men are banned from our working and living space for a weekend, there is a chance to refrain from the usual modes of behavior women normally show when men are present. Among other things, this means that our participants do not assume the role of the woman in need of protection or of a person who is "working" at her relationship with her partner – they do not feel responsible for the social atmosphere but have plenty of time and space to themselves. The questions asked are: "Who am I?" and "What are my wishes and needs?" The temptation to experience oneself through the eyes of others is not so strong, if the group questions established standards and modes of behavior, thus encouraging individual women to try out something new and unknown. This is the way to open up new ways leading to hidden treasures inside ourselves that have been unknown to us so far. We might also venture upon a voyage of discovery. The conditions described here make it easier to reveal personal difficulties as well as to overcome feelings of shame and embarrassment, which, in daily life, put a well-functioning brake on everything. By easing this brake, we can gather more speed.

Interplay – exercise and relaxation

Everybody knows that pleasant feeling one has after exerting all one's strength and straining each and every muscle, followed by the sensual calm flowing into the exhausted body. Certainly all sportswomen are familiar with this experience. In our seminars on body awareness, we chose different paths. There is nothing to be said against performing and the desire to reach one's limits. If this, however, were the only way to guarantee relaxation and well-being, life would become rather strenuous, we think, and the danger of hurting oneself would increase considerably. This assumption is confirmed by many women, and a lot of them have already suffered marked restrictions of their physical fitness owing to one or the other sports injury (e.g. knees, vertebral column).

If the use of body energy is not linked to the aim of coming up to a set standard or performing better than others, then it might be possible to find a more agreeable form of experiencing physical exertion and relaxation. Often the joy felt after a good personal achievement is spoilt by the feeling that more would have been possible. There will always be someone who can do better, run faster, who is stronger or tougher. There is no limit to performance assessment, at least in sports. Our motto is: everyone should be as good as she can be. It is enough to do one's personal best. And didn't we feel the liveliness, the delight and fun we had when four parties pulled with all their might at two ropes tied together, playing tug-of-war all over the place. There is no winner to this game. They were using their strength just to feel it, not to determine the order of rank ranging from "strong to weak".

The women let off steam, experiencing the playful component of movements that today only children are allowed to use in public or in everyday life. The exercises we suggest have already been described in many books. We only shifted the emphasis from achieving a determined result to experiencing the process as such. However, some of the seminar participants wished to get some incentives for more competition and results. We complied with their request, leaving them in charge. This was followed by aerobic-style sweating, competitive games, relay races and circular training – till everybody was really worn out. We certainly consider the desires of our participants, and include them in our seminar programme, after all we are dealing with women's needs for exercise. After completing a circular training course in which all women had participated, carefully counting their points, one of them asked: "Why did we have to count the points at all? What do we get out of it?" We couldn't find a satisfactory answer. It's because everybody does it. That's the way we learned to do it. It's you who wanted it after all! But, well ... what's the use of it anyway??!?

Many exercises belong to the category of "sensitive games". In the Coubertin hall the floor is covered with various objects: ropes, rings, staffs, blankets, clubs, balls – take off your shoes and socks and walk slowly. Roll on the full length of your feet and experience how the materials feel under your feet. Don't look! Don't perceive things through the distance of your eyes but get in touch with them by feeling them directly with your feet. What do you feel? Cold? Warm? Smooth? Pleasant or somewhat strange? What can you do with each of the things? The participants improvise and yield to their impulse to play – they do not walk on preset paths.

Leading and being led. Did you ever close your eyes for five or ten minutes in recent years and let yourself be led by another person? It sounds so easy, and yet it is so difficult to do. Do not open your eyes but your other senses and use them. Suddenly you will be able to distinguish more clearly the various sounds and noises buzzing through the hall. Odors and scents are circulating, attracting your nose. The wind strokes your face. You can feel, if not see, the warmth of the sunlight and the coolness of the shadow. When touching different materials and plants, you have to ponder. This feels so tender, soft and velvety – is it the leaf of a rose? Or take a blade of grass: how tiny, smooth and plain it is! We touch wood, concrete, plastic, iron grids, the surface of a bronze statue, the bark of a tree and the glass of window panes. Dipping our hands into the water of a large puddle reminds us of our childhood days, and we feel tempted to splash the water with our hands. Afterwards, when analyzing these experiences, everybody becomes thoughtful. How do I use my senses in everyday life? To which signals am I susceptible? What kind of perceptions do I ignore? Closing your eyes sometimes, and switching over your other senses to reception can produce amazing effects.

We start experimenting with our voices: loud and soft, shouting or humming together, tuning our voices up and joining in a melody that comes quite naturally. We do this with our eyes closed, for otherwise it would be too embarrassing for some of us. Watching others and the feeling of being watched seems to be inhibiting. Humming and buzzing, concentrating on the sound box of our bodies and feeling our inner vibrations, we slowly become aware that the inner and outer movements – the melody – belong together, forming a whole.

In our seminars, all forms and kinds of relaxation exercises and massage enjoy great popularity. Experiencing yourself through the touch of another woman, being passive and dedicating your time as well as paying attention to your physical well-being – what a pleasure! And how rare are the occasions to do this in everyday life. We massage our feet, put our heads into the hands of another woman, let our faces drop, loosen tensions in the neck, stretch our muscles. Some women start purring softly like a cat. Massaging each other's bodies with tennis balls, tapping our backs and discovering that bad weather, even hail and rain beating down on us somehow bounce off our thick hides, all this makes us feel extremely well.

Chi Gong exercises are also part of our seminar program. Chi Gong – what on earth is that? Chi Gong is a form of Chinese medical gymnastics, which involves the performance of round and flowing movements. The meridians (energy channels) are stretched, in order to remove blockages so that our energy and life flows may move through and into our bodies unhindered. Despite performing all movements in slow motion we sweat heavily. Some of the participants interrupt the exercises since they are completely overwhelmed by attacks of yawning. They have to take deep breaths and move their face muscles for some time, taking a short rest.

Games, fun, and misbehaving

We set about digging out the childish, playful elements in ourselves, acting in a way like a woman really should not behave. Is there any use to this? Yes, it is a real pleasure, and we put our hearts and souls in it. The women try to form a line, arranging themselves according to the size of their feet, without any verbal communication. They put their feet next to each other, comparing their size, moving from one spot to the next, until finally each of them has found her right place. Tall women with small feet are standing next to small women with big feet. They form an unequal line, giggling with pleasure.

We stand in a circle, taking our turns in making faces. One woman wrinkles her face, creating deep, angry lines and utters a deep, grudging sound. This attitude is taken over by the next woman, and then the next. Grimaces, accompanied by booing, baaing or phssting sounds are passed around. Self-conscious and shy at the beginning, the women really get going. We are all glad that there is nobody there besides us while we are doing this exercise. One of the women says: "I see my children doing these things every day, but I never thought I could still do it and that it would be so much fun."

We throw water-filled balloons at each other, squealing with joy when the wobbling, cool and slippery balloons land in our hands. Everybody shrieks when one misses its mark and falls to the ground, bursting and splashing some of the women around it. Filling the balloons with water seems to be difficult at first: "How do you do it?" In the end, however, there are soon some experts who do not want to stop the production or the game.

We start yelling at each other saying "Yes" and "No", thus testing our fitness to fight, our ability to shout. This is not easy. Women have learned too long to keep their mouths shut. We rather don't want to make an unpleasant impression or be called hysterical bitches by others. This is a very efficient brake. It is hard to overcome one's inhibitions – even in a game. After several attempts, however, rather strong voices fill the hall. They are playing the boss-secretary game, loudly dictating nonsense texts over long distances.

Spirits are also raised by other games like the knot, sitting-on-laps, millipede, the she-wolf or "make your partner into a comfortable seat". In the sculpture park we designed, we wander between heroines and Megaerae, wondering at the different female roles: the rescuer, the giving or caring woman or Miss be-prepared. Building pyramids produces pride and astonishment. At first we build two pyramids of eight women each, then another one out of sixteen women. "I can't believe that we made it!" The expert guidance by one of our participants ensures that we succeed. We use this chance both to try out something new or unusual, and to rediscover old abilities and skills.

Another way of learning how to behave in certain situations is role playing, in which the women deal with annoying experiences they have had in the sports club. Well-known patterns of behavior are changed into new ways of acting. There is great hidden joy at the thought of possible reactions – "What would happen if I really behaved this way?" Misbehaving and causing confusion as a form of self-assertion.

Introspection

In the seminars, priority is given to dealing with our own female needs and desires, among other things.

> "Our wishes are anticipated feelings of the abilities slumbering within ourselves, they are early signs of what we will be able to accomplish. What we can do and want to do is depicted outside ourselves, and in our future through our imagination; we feel a desire for something which we already secretly possess. Thus by passionate anticipation, what is really possible will be transformed into dreamed reality." (Goethe)

In this sense, we have tried to revive the contact with the world within us. We grant room to this interior world, which accompanies us wherever we go and to which we pay all too little attention. Phantasy journeys, body meditation, loving concentration on our own personalities as well as gestalt pedagogical exercises are the means for producing this process which can be expressed creatively. The participants perceive rather vague pictures of their moods, they have problems expressing their experienced phantasies and impressions. Therefore, expression by painting is a more adequate form for describing one's individual experiences. The participants transform the inner movements they consciously perceived within themselves into creative outside movements. In doing this, they can broaden their knowledge about their own selves a little, and narrow the distance to their inner world. We established the connection between interior and outside worlds by means of sayings and puns, for example. Each of the participants drew a saying like "to be blind with rage", "to fume and foam", "to be fed up with something", and so on, written on a card so that the others could not see. Then they described a situation that illustrated the contents, the others guessing which saying was meant.

Adults, as compared to children, often have problems deciphering the signals emitted by their bodies, and are therefore hardly able to correspond to them in an adequate way. This ability has been lost by many people who then do not react until their threshold of pain is reached. Children are still able to distinguish whether they feel hungry or angry. In the first case, they utter their desire to appease their hunger, in the latter case they express their anger, thus restoring their balance. The felt need is compensated by the appropriate reaction. Only very few adults have developed an adequate reaction in view of their needs. Some take to eating, though in reality they are angry, others laugh though they feel more like crying, some drink alcohol or calm themselves with other drugs, though they are looking for consolation or something similar.

We have been careful to help our participants open up, as far as it is possible for each of them, to their own moods and feelings and to take them into consideration in all the things they do. We try to stimulate the women with several exercises intended to sharpen their self-perception, without, at the same time, forcing anyone to take part in any of the exercises. A lot of their individual responsibility is demanded of the participants. Withdrawal, objections, protests, resistance and suggestions for changes are accepted and included in the seminars. The first step towards a better awareness of one's own needs and desires is paying sensitive attention more to oneself than to superficial standards. For example, each seminar allows for some time to be used by the women as they please, according to their own specific moods. Some go jogging, others resort to relaxation and massage in the Coubertin hall. One listens to music, another one lies on her bed, enjoying the feeling of not being forced to do anything. Our needs and desires are extremely varied. After all, when is there any opportunity during our working day for us to do exactly what we'd like to do? Therefore, following one's own desires is not so easy for usually we have hardly any time to really do so.

We normally only manage to steal back a small part of our day, in order to have at least a little free time for ourselves, and when we have finally found the time, we often don't even know what to do with it.

The distorted female self-image

Another central subject of our seminars consists in dealing with female body conceptions. We try to find out the different attitudes women have towards their own body. Do I like myself, and my body? By which criteria do I judge myself? What do I like, and what do I disapprove of?

We have delved into a very critical subject. In the course of female socialization, dissatisfaction with one's own body is learned, for the other girls and women always seem to be more beautiful. We try to follow the stages of female body socialization. First we collect criteria and concepts of what beauty is all about. Love or hate of one's body are the basis for a philosophical discussion among the participants on our pleasure or frustration with our own corporeality. There is an amazing difference between the self-image of our participants and the way they are judged by other women. Not a single woman is absolutely content with herself, everyone finds something to gripe about: one woman describes her figure as a mutilated eight, another one's nose is too big, someone's belly is too fat, legs are just horrible, or there are skin problems. We discuss and puzzle over the phenomenon of disdain and self-contempt among women. Hopefully, some of the women have been able to benefit from these discussions, by becoming aware that they often regard and judge themselves by male standards of femininity and beauty, which has a very harmful effect on their self-confidence. However, looking for new, self-built mirrors allowing a more satisfactory view of the diversity and individual beauty of women, is absolutely worthwhile, for in the distorting mirror held up by the media only 2 to 5 percent of women alive might recognize a reflection that looks similar to themselves.

Background

Sports and health

Doing sports is still regarded as one of the most pleasant pastimes in the world, and it assumes various functions for people living in our achievement-oriented society. Sports can contribute to keeping people in good health and supporting their physical well-being.

I experience sports as a space for recreation, and think that its accomplishments are very honorable, but I doubt whether sports can contribute to physical well-being, and keep people in good health in a holistic sense (according to the World Health Organization (WHO), health consists of three well-balanced components: physical, mental and social well-being).

In my opinion, this means asking too much of sports and also having a wrong idea of it. For sports is not a purpose-free or non-political area but a subsystem of a society determined by individuation (isolation of people: social relations are disembodied and made abstract by media like the TV, telephone, etc.), and socialization (anonymous heterodetermination by bureaucracies and economic interests; loss of the ability to establish human bonds, by ideologies, e.g. religion). At the same time, this society requires that its members adapt themselves, and live up to certain forms and contents of cultural modes of working. Therefore, sport is also influenced by the standards and values of our achievement-oriented society. Even though, in this very brain-dominated society (where intelligence is more important than body awareness) sport on the one hand represents a field which does put the emphasis on the body after all, by requiring physical effort. On the other hand, however, the common functionalization of the body is also upheld in sports, where the body is the tool accomplishing a standard result worth a reward:

- The body is expected to provide more strength and staying power.
- The body is expected to compete with other bodies and to outdo them.
- A good physical performance is rewarded with a trophy.
- Physical performance is measured, and compared with anonymous standard requirements.

At the same time, these values and standards hardly offer any room for emotional and mental well-being. On the contrary, they support the process of people's social alienation from their body, feelings and mind. For these reasons, it remains questionable whether sport meets human needs and desires, allowing people to experience their personality.

Girls and women in sports

Our approach towards sports is entirely female, i.e. we look at sports from the point of view of girls and women and their interests. If, in sports, emotions and the mind are neglected, and the body is functionalized for the sake of an optimization of performance, then there are some explanations possible for the fact that many girls quit sports clubs during puberty. This is a phase in life where girls rather hide their bodies away from others, and refuse any kind of functionalization. At the same time, girls (and boys) need particular psychological support and encouragement, to be able to build up a personality. Girls who learn that they are only valued in sports if they come up to standard results determined by school and sports organizations tend to internalize the resulting depreciation as a bad experience or obstacle. This will accompany them into their adult life, preventing them from ever doing any sport at all. But it is not only sports where girls experience rejection for being "different" (i.e. they have a cautious and timid attitude towards their own bodies; they don't comply with the expected pressure to produce results), they are confronted with self-alienated pressure to live up to certain expectations in other areas of life too.

Girls have to be pretty, slender, and nice to other people. They are not allowed any aggressive feelings like rage or anger. At school they may show their abilities but later on, in working life, their minds will meet with little appreciation, since forcefulness is required there. Only the "stronger" will prevail. How are girls/women to learn these abilities if, in sports, they experience their bodies only in a limited or functionalized way, and in their everyday life they are not allowed to show anything but friendly feelings? Other social expectations as to what femininity is all about are added to this: women are to look after and care for others, i.e. they have to be there for other people. Their own needs and desires take second place behind those of their social environment. Moreover, women build up social contacts in our society, whereas men go out and fight and compete. This way these people find their place not only in society but also in sports. We find this social phenomenon in mixed sports groups: girls/women are responsible for a good social atmosphere, and the more dominant social roles like that of the leader, clown, troublemaker, etc. are taken over by the boys/men. Since sport is a subsystem of our patriarchal society, it includes male behavioral standards that are accepted by women who can and wish to experience their sport in accordance with these standards. However, this kind of female space is filled with ambiguities that may lead to crises in a woman's personality, which is rather often the case in professional sports: male achievement standards contrast with the learned female role. Women who internalize the male system too much, are warned against becoming masculine and/or loosing their femininity. Something no woman would aspire to.

In tennis, I realized that Chris Evert-Lloyd gained moral approval for she corresponded to stereotyped ideas and standardized expectations as to what femininity is all about. Martina Navratilova, however, despite her brilliant and sensitive returning techniques, was condescendingly smiled at for being regarded as a "virago", and for her lesbian sexuality.

Sports – a space for female emancipation

During the past 100 years, sport has become an open space for women, and more and more women are using it as a space for experience. In sports, women can/could live out their needs for achievement-orientation, purposefulness, ambition, activity and aggressiveness, which means they would be masters of themselves. Many women are taking this path, but here utmost caution is advised, for in a patriarchal world this path will always be in contrast with external, internalized expectations as well as a woman's own expectations and needs concerning her femininity. If women want to experience needs like permitted weakness, sociability, personal warmth and feelings in sports, then there are various obstacles which they try to

* **skip over:** "I might not be good but I liven things up."
* **incorporate:** "I come up to all the standards required here, and I care about the community."
* **or to stop:** "My physical performance is not called for here, so I look after the young club members."

They might also find other areas where their needs are fulfilled: "I do my sports here, I accomplish my league matches, and afterwards I meet nice people." The question is how to bring both aspects of the needs together, i.e. the female side and the male side.

Professional woman athletes are often regarded as abnormal for they do not show enough femininity. By building up a "female" dependence on their trainer, their protector and promoter, they find one solution to this ambiguous dilemma of male and female needs. Women doing leisure-time and mass sports are living the other extreme. They are allowed to be weak, they meet for a coffee party, but they are not taken seriously. In this environment, the woman is the little girl, the little woman – if any of them shows slightly more male attributes, she is soon regarded as a women's libber. Added to this is the problem of the functionalization of the female body in sports referred to earlier in this booklet. If a woman adapts to the standardized system of sports, she functionalizes her male side. If she wants to come up to female requirements regarding beauty and slenderness, her body is forced into yet another corset.

So the question is: What kind of sports will allow women to become aware of their specific personality, thus demanding their own space in a world of sports which they themselves may also influence? Sports should not only support a specialization and functionalization of the body but also encourage the diversity of women's physical abilities. Sports must take the special, real world of women into account. Sports require didactical schemes based on and aimed at a holistic approach to people. Linking elements of body experience with mind and emotions, in the sense of promoting the appreciation of femininity in all its aspects of being, has been the purpose of our project on "Body Awareness" in sports organizations.

Women

The woman's body

The socialization of the woman's body

Body awareness in sports organizations: when working at our seminar project, Cornelia Muth and I often discussed the question of women's relationship to their bodies. What influence do fashion, advertisements and the media have on the formation of a female body conception? How important are a girl's or woman's looks, figure, physical fitness for her sense of self-esteem? What part do sports play in the development of physical self-assuredness? How do girls and women learn to live in and with their bodies?

We think that some of our thoughts and judgments may incorporate important impulses for all women and men dealing with the subject of "women and sports". They are the result of our work, and based on our observations within the project, and on the long years of experience gained in our educational work for girls and women.

Examples

Every day all kinds of media show the attractive, slim, fit, and mostly young woman: smiling on a poster in the subway station, she advertises for cosmetics, foodstuffs or cleanliness. She shows us the latest fashion or smokes female cigarettes: "Virginia Slims". Sometimes women get advice how to make their husbands – and probably themselves – happy.

The general female image is determined by models, actresses and pop stars. They embody the current beau ideal, setting the standards for what femininity is today. When I was as young as 15 or 16, 1 remember taking great interest in looking at lots of photographs of beautiful models. The most beautiful ones are still impressed on my mind. I admired them for their incredible beauty and dreamed of looking as beautiful as them one day. I spent hours on end in front of the mirror, imitating their poses. There was a great difference, however, between my dreams and reality. I was unhappy with my figure and with the many freckles on my face. How far I was from the social ideal! From that time, a vague feeling remained: something's wrong with you! My mother tried to cheer me up by saying: "Don't worry about it. You'll be loved for your naturalness and fairness." – which was no consolation for my unhappiness either. I wanted to be as happy, successful and beautiful as those beauties looking at me seductively from the magazines. What was my good character good for?

Even twenty years later, there has been no essential change in the presentation of images of the female body. What Twiggy was to me Madonna is to many young women today. I must admit that the beau ideal has changed but not the way women are "advertised". Recently I leafed through some girls' magazines. The pages were filled with – texts and photographs on – fashion, tips for beauty care, love and the vision of absolute happiness and bliss, including problems of contraception and sexuality, not to forget the corner where the girls can pour out their sorrows. Don't girls have any other interests at all, or are they supposed not to have them? I rather tend to think that the world is to be kept small, as usual, for girls. The big world, promising adventures and excitement, is still a long way off.

One girls' magazine offered a test: "How sexy are you?" "Some girls get a sexy look by just a single turn of their body. Others create the same effect by an exotic smile. And then there are girls who haven't the faintest idea what erotic effect they have on boys. Do you want to know whether boys find you erotic? This test will show you!"[2]. The test provides information about what effect a woman has on a man. Or else, girls and women learn – as I want to explain with this example – to assess themselves by using the "male view" of women. In their relation to women, the diversity of male interests and needs is reduced to the female body. The female body is under constant observation, attracting men's attention. In the context of female body socialization, Helga Krüger[3] describes the "social-male view" of the female body. In puberty at the latest, girls begin a tightrope walk between "offering themselves" and "preserving their innocence".

The presentation of their outward appearance becomes the most important instrument for their self-portrayal. They attract male looks, in order to be perceived and recognized as young women. In the course of our development towards being a woman, we then learn how to assess ourselves – but also other women – with the social-male view. The prevalent standards and values are integrated into the female system of assessment. We do not learn who we are and what we can be, but what we are supposed to be. Our competence, our abilities and qualities, or even woman as a whole, are hardly ever noticed and appreciated. The female body, being the object on which male needs and desires concentrate, is at the center of interest. Tina Thürmer-Rohr, who investigates the female social character, calls this process the "trimming" of women. As a matter of fact, men are relatively uncritical of their own appearance or outward beauty. They have a different system of status symbols

---

[2] Mädchen, Nr. 3, 1990, o. S.

[3] Krüger, Helga: Weibliche Körperkonzepte – ein Problem für die Jugendarbeit, in: Deutsche Jugend, November 1985, o. S.

at their disposal: their profession, income, cars, knowledge – and an attractive woman. The "jewel" at his side that attracts other men's attention and admiration increases a man's reputation. A woman a man can present!

Although in the course of the past decades the female world has opened itself owing to an increase in women's chances in life, we still have to carry these old burdens around with us. Women have been given entrance tickets for professional life. Now they may show what they can do – but beauty is still their most important quality seal.

"The world out there is dangerous" or "She who is looking for trouble will find it"

Women are confronted with sexism at every corner: at work, in the bus, on the street, in shops, in sports organizations, in the disco ... Violent assaults, sexual abuse and harassment are a matter of course in women's daily life. Taking possession of a woman's body, using her for one's own, male needs, advertising and making money out of women are so normal in our society that they surprise nobody at all. "That's the way it is. What can you do about it?"

Violence against women is a generally accepted fact, and to women it almost seems as if it were their inescapable fate. Recently I read a little note in the newspaper. A woman was assaulted on her way home from a fancy-dress party. She was able to defend herself and to drive the man away. What was special about the story? The woman was a man – disguised as a woman! ... The demands for according women and men equal status, equal treatment and equal rights cannot be ignored, but the road to realizing these postulates will be long and difficult.

The "trimming" of a woman in the course of her socialization is based on the concept of a complementing distinctness between the sexes. This distinctness is justified by biological differences in function, and unmodified laws of characteristics, by woman's and man's nature or character. "Women shall develop their personality in the emotional, intellectual and territorial space men provide for them; women shall be there for men, for their benefit, enrichment and perfection."[4]

---

[4] Wildt, Carola: Zwischen Zurichtung und Selbstentfesselung, in: Studienschwerpunkt „Frauenforschung" am Institut für Sozialpädagogik der TU Berlin (Hg.): Mittäterschaft und Entdeckungslust, Berlin 1989, S. 77.

Girls are hardly ever encouraged to develop and find out their abilities and characteristics, on the contrary, they are brought into line with an image of femininity designed by male ideas, concepts and needs.

Movements towards findings

What effects do such experiences in her socialization have on a woman's self-image and her sense of self-esteem? What behavioral patterns does she build up? What attitude does she develop towards her own body? There are no clear definitions as to reaction formation in women, but in the following we will trace various ways women are taking to master their lives.

A woman either orientates herself by the ruling social ideals, that is, for her own protection she entrusts herself to some man's protection. Or else, in search of self-realization and appreciation, she enters male domains where not too much attention is paid to the female body. Thus she joins the competition for achievement and success elsewhere, in order to escape the dilemma of female reality. Here the vast field of professional commitment offers various possibilities. In keen competition with men, women are striving for different values, status symbols and hunting trophies offered temptingly by the achievement-oriented society. Success and the perfect "bite" are called for. Another way for men to outdistance women a little is, for example, to become active in sports. Sports organizations are holding up the motto: "In sports we are all equal. Sports keeps you fit, it is fun and good for your health." This seems to leave nothing to be desired for woman, does it? Here she can let off steam in physical exercise, live out her fighting spirit, and be aggressive. She experiences her physical fitness and can go to limits that have been unknown to her. Moreover, sports organizations are a social arena that offers refuge, contacts and comradely company. In an interesting investigation, "Between Gym Shoes and High Heels" by Birgit Palzkill, into the reasons why some women become professional athletes, a relationship is established between sports activities and specific female problems, especially problems in identifying with the female role[5]. About half of the professional sportswomen had experienced sexual and physical violence. Through their sport, these women are offered the chance not to take the experi-

---

[5] Figge, Karin: Flucht in und aus dem Sport, TAZ vom 24. Juli 1989.

enced violence as "woman's destiny" but to satisfy themselves of their own strength and physical fitness. In sports, women are allowed to give way to their desire for the strength to fight, and power. Thus they can assimilate and transform the feelings of helplessness they experience by becoming aware of their physical strong points.

Other women decide to turn their back on man's world in creating an area of their own – a working and/or living space free from any men – together with other women. With these female forms of resistance against male society they have almost reached the brink of social acceptance.

Many women choose an unconscious path. They become very fat or thin, thus withdrawing from the prevalent assessment criteria. Their resistance, and their disapproval of their own living conditions do not set free any forces directed towards the outside, but a lot of women are directing these reactions and many aggressions towards themselves. Not only their health but also their personal well-being is impaired by this, and I think they are paying a very high price.

Perspectives

The adoration of the female body on the one hand, and the contempt and potential violence against women at the same time, cause a great deal of confusion and uncertainty among many of us. Our personal appreciation and our attitude towards our own body are marked by ambiguities. A system of double standards may then easily creep into our self-image.

We do not learn to be happy with our eyes, through which we perceive and investigate the world around us, but we learn that these eyes are either too big or too small or of the wrong color. We do not learn to use our mouths in order to make ourselves understood or heard, to exert our influence, to show our teeth, and to snap with sufficient "bite" whenever a critical situation arises. Instead, we stand in front of the mirror trying to find the "right" expression for our face, to make our eyes and mouths look more beautiful and becoming.

Children still have an acting talent. Their parents are delighted with their pulling faces, by which they express their feelings. They are still allowed to act in an uninhibited manner. Growing up is accompanied by an education towards immobility, and increasing control. The face gradually freezes into a – mostly smiling – mask.

The liveliness of the body is also put in chains. In Norway, some shop-assistants entered into a "smiling strike" for better working conditions. Can you imagine receiving your meat, cheese or flowers from a shop-assistant who doesn't move a muscle?

We practice poses. We practice how to sit and walk. Don't spread your legs too much, don't bring your feet down too loudly, don't move too fast, hold your feet straight. Our daily movements are no longer naturally adapted to the respective situation but practiced and controlled movements. Shaking off these chains is a hard and difficult process, since many of us attended a good school where conventional proprieties and female clichés were taught. These movements and attitudes have become a habit, and nothing is more difficult than getting rid of old habits.

"Chest out! Stomach in!" – How many generations of women have heard this phrase from their mothers, and transformed it into their own attitude. They no longer feel that this makes their breath flat, that they are draining themselves of power and energy, blocking the connection with sources of life within themselves.

If all the energy and force women are using for the control of their bodies (weight, figure, posture, cosmetics, looks) could be set loose, the result would be an inestimable potential, and a lot of time for designing our own lives. Instead, many of us are caught in these structures, and entangled in themselves. They aren't open for exciting explorations of the world or for the development of a variety of personal interests. Undoing this tangle, however, is not quite easy.

"Whenever I have a kilo too many, I cannot go out in the evening. I don't feel well then, I cannot present myself in public." (says a pathologically lean girl). How much power and influence one kilo of weight can gain!

Finally, in order to prevent misunderstandings, I should like to point out that I don't object to beauty in principle. My criticism and reflections on the subject refer to the prevalent female beau ideal. Real beauty – an old saying goes – comes from within. But how should it develop if we have lost all our contacts to our inner selves and if we are guided by outside standards and values? Beauty as an expression of a positive awareness of one's body, and life is something I have nothing against. I feel sorry for elderly women who aren't able to be proud of their wrinkles, drawn by life itself, women who would rather undergo face-lifting, thus denying part of their life not only towards themselves but also towards others. I prefer looking at an enchanted, wild garden in which I can gladly see the diversity and waywardness of nature, to the idea of staring at roses in a greenhouse, bred to look alike and well-proportioned.

Natural beauty is a gift that lies outside our will or power. Nature has its own laws. Controlling, and triumphing over nature, making it subject to the master's will corresponds to the doings and strivings of men in our patriarchal system of society. Trying to find other orientations and values interplaying with nature harbors hope for a more satisfactory, peaceful, and humane life for many women and some men.

Three to one – a investigation into the concept of holism

Mind – body – feelings. These are the three parts into which the human being is divided, and together these parts then form a whole again. We often feel like being present with only one or the other of these parts. Whether at work or at school, it is mainly our mind that is called for. In our leisure time, in sports or while riding our bikes, we are doing something for our bodies. When spending our time with friends, and particularly when we are in love with someone, we share our feelings, for this is the place for showing one's feelings.

This division as such is absurd, since in all situations in life men and women are whole human beings. We cannot simply leave one or two parts of us at home. However, in the course of time we have learnt how to control our minds, feelings and bodies. By this division into three parts many of us have forgotten the unity of the human being. I am using my mind at work, at school, and for the solution of difficult problems, for I must concentrate all my senses in order to think clearly. When talking about education we often mean knowledge. Knowledge and information have to be stored. Our mind must take in a lot and sometimes in a very short time. If sometimes my mind doesn't want to do what I want, things are difficult. Then I am really in a fix. For all the scientific investigations into the capacity of the human brain, we know little about the process of information intake and the acquisition of knowledge.

The body is being moved and groomed, a healthy diet and sports exercises are good for its conservation. If a body doesn't want to do want we want it to do, we first swear at it and then take it to the doctor. There we describe the symptoms, hoping that the doctor will cure the ill parts of the body. Then the damaged parts are repaired, so that the whole man or woman will function again. Recently, while sitting in a orthopedist's waiting room, I couldn't help thinking of a repair shop. Well, and then there are feelings, the human soul or psyche. This is a rather weird part of us – unpredictable and willful – which cannot easily be controlled. The ID makes itself noticed in the most awkward situations. We then quickly switch on our controlling instances to remind the ID to toe the line. Feelings are generally confined to private life, but there is a difference between positive and negative feelings. Negative feelings are man's and woman's worst enemies. Happiness, delight and fun are well-liked guests in our entertainment and consumption-oriented society. Fear, sadness, anger or fury, however, are living in a state of eternal banishment – at least this is the case with people who have themselves under control. We must fight and overcome these pests. In case of emergency, that means, when all repressing forces fail, there is something like a waste-disposal for our problems: therapy. Yet in our society, therapy is not widely esteemed, since people are expected to be able to cope with their problems by themselves. When we have to go to the doctor, our friends might well ask: "What's wrong with you?", but someone who undergoes therapy might meet with understanding, yet the question: "What's the matter with you?" will not be posed, since no-one would dare to intrude.

The living conditions in our modern achievement-oriented society have lead to a division of our lives into three parts: work, leisure time, family and love. People respond to this by a division of their selves into three parts. A lot of people feel that with this division into three parts they don't do justice to their nature. Therefore, they are striving for different ways of living, longing for wholeness – not tripartition.

Movement is life

"A body that is used like a thing will become nothing more than a thing, nothing more than a slave of the ego, but it will never be a willing and sensitive accompanist for the melody of life."[6]

---

[6] Jacobs, Dore: Bewegungsbildung/Menschenbildung, Wolfenbüttel 1985, S. 16.

Some notes for a better understanding of our conception

Movement still is an expression of the whole human being. In her ideas on education for movement, Dore Jacobs says that the important thing is not to support but rather to counteract the tripartition of men and women into body, mind and feelings. The goal is, therefore, to achieve wholeness and harmony. Our body gives the best information for finding the entrance to our physical sources of life. Signals that are emitted should be received, thus living in harmony with a body that agrees to what we are doing, instead of resisting it. In our so-called civilized world most of us have lost their ability to become aware of information coming from within our bodies. Both the contact with the inner world of our bodies and with the outside world should be encouraged, so that they interchange with each other.

In addition to the questions asked by the participants: "What can I do? What have I learned?", the questions: "Who am I? How do I live?" are gaining importance. Movement is a holistic happening in which the interaction between inner and outer movements is brought into harmony. "Someone who is able to move his body, has an accessible heart; someone who deadens his body, destructs this instrument – for receiving and interpreting sensory perception – and will then also become dull in his heart."[7]

Any movement learned by imitating – that is, by the classic system of exercise – will have been learned only "outwardly", not "inwardly". Therefore, what is learned by this is rather a formula than a living form. Moving one's body means reacting to stimuli and impulses coming from outside or inside. The way we are able to perceive, receive, interpret and transform stimuli, depends on the individual state of our nerves and psyche. When I want to do several things at a time while I am absentminded, I am feeling these conflicts inside me. In a state of concentration, I can establish a balance between the requirements placed on me from outside, and the mood I am in, and then act in the appropriate manner. My movements then seem to be well-balanced. Through well-balanced movement, the expression of the inner movements is noticeable. A deliberate performance is mechanical or functional, accomplished by spurring the body like a race horse, while an organic performance includes the forces of a person's soul. It is not a question of a man or woman being

---

[7] Ebd., S. 19.

the slave to his or her will – the body being a well-functioning machine – what is desirable, is an interplay of all the forces of life[8].

All those impressions having any effect on us will be answered – if we are able to open ourselves to them – by a heightened living action inside ourselves, that is, inner movement. This inner movement therefore carries our vital consciousness. "Vital consciousness means that there is something flowing inside us." This is also an objective power current flowing inside the body, that is, flowing in our breathing, blood circulation, heart beat, flowing body juices, glandular activity, living activity of tissues. "Where a listening connection with the outer world can be established, something will simultaneously wake up inside, taking up the sound, just like a tuning-fork starts swinging when its eigentone is struck"[9]

We have forgotten most of our ability to become aware of our interior world. These abilities have diminished, since our orientation is strongly directed towards functioning, complying with demands, and reacting. We often haven't time or rather don't take our time to pay attention to the signals and information sent by our inner movement. Our inner life is submerged in numbness. Therefore, we must try to find new ways, and learn to listen to ourselves, in order to integrate our inner knowledge into our actions and deeds.

Our sensory organs are like gates through which we perceive the signals from the outside world. For example, our eyes and ears perceive a lot of things that we don't really become aware of. That means that we don't really perceive anything through these "gates to the world", or else, not before we receive, interpret, and absorb the living currents reacting to these signals and stimuli. Thus, our ability to experience things will grow, together with our physical liveliness. Then we will be able to reopen the almost dried-out sources of our corporeal reason – our inner knowledge of what is characteristic and therefore beneficial to our individual self. One could say that then a sensory conscience starts to develop. Some characteristics of the sensory conscience are already known to us by the word intuition.

---

[8] Vgl. ebd., S. 45.
[9] Vgl. ebd., S. 105-106.

Abonnement

Hiermit abonniere ich die Reihe **Body-Feeling und Body-Bildung (ISSN 1867-6243)**, herausgegeben von Cornelia Muth und Annette Nauerth,

❑   ab Band # 1
❑   ab Band # ___
    ❑   Außerdem bestelle ich folgende der bereits erschienenen Bände:
    #___, ___, ___, ___, ___, ___, ___, ___, ___, ___, ___, ___

❑   ab der nächsten Neuerscheinung
    ❑   Außerdem bestelle ich folgende der bereits erschienenen Bände:
    #___, ___, ___, ___, ___, ___, ___, ___, ___, ___, ___, ___

❑   1 Ausgabe pro Band   **ODER**   ❑   ___ Ausgaben pro Band

Bitte senden Sie meine Bücher zur versandkostenfreien Lieferung innerhalb Deutschlands an folgende Anschrift:

Vorname, Name: _____

Straße, Hausnr.: _____

PLZ, Ort: _____

Tel. (für Rückfragen): _____ *Datum, Unterschrift:* _____

Zahlungsart

❑   *ich möchte per Rechnung zahlen*

❑   *ich möchte per Lastschrift zahlen*

bei Zahlung per Lastschrift bitte ausfüllen:

Kontoinhaber: _____

Kreditinstitut: _____

Kontonummer: _____ Bankleitzahl: _____

Hiermit ermächtige ich jederzeit widerruflich den *ibidem*-Verlag, die fälligen Zahlungen für mein Abonnement der Reihe **Body-Feeling und Body-Bildung** von meinem oben genannten Konto per Lastschrift abzubuchen.

Datum, Unterschrift: _____

Abonnementformular entweder **per Fax** senden an: **0511 / 262 2201** oder 0711 / 800 1889 oder als **Brief** an: *ibidem*-Verlag, Julius-Leber Weg 11, 30457 Hannover oder als **e-mail** an: **ibidem@ibidem-verlag.de**

***ibidem*-**Verlag

Melchiorstr. 15

D-70439 Stuttgart

info@ibidem-verlag.de

www.ibidem-verlag.de
www.ibidem.eu
www.edition-noema.de
www.autorenbetreuung.de